新时代智库出版的领跑者

中社智库 国家智库报告 2024（9）National Think Tank
经济

数字化何以赋能文化和旅游高质量发展

宋瑞　杨晓琰　张琴悦　著

HOW DOES THE DIGITALIZATION EMPOWER THE
HIGH-QUALITY DEVELOPMENT OF CULTURE AND TOURISM

中国社会科学出版社

图书在版编目(CIP)数据

数字化何以赋能文化和旅游高质量发展/宋瑞,杨晓琰,张琴悦著. —北京：中国社会科学出版社,2024.5（2025.1重印）

（国家智库报告）

ISBN 978-7-5227-3544-3

Ⅰ.①数… Ⅱ.①宋…②杨…③张… Ⅲ.①数字技术—应用—文化产业—产业发展—研究—中国②数字技术—应用—旅游业—产业发展—研究—中国 Ⅳ.①G124②F592.3

中国国家版本馆 CIP 数据核字（2024）第 091569 号

出 版 人	赵剑英
责任编辑	周　佳
责任校对	李　锦
责任印制	李寡寡

出　　版	中国社会科学出版社
社　　址	北京鼓楼西大街甲 158 号
邮　　编	100720
网　　址	http://www.csspw.cn
发 行 部	010-84083685
门 市 部	010-84029450
经　　销	新华书店及其他书店
印刷装订	北京君升印刷有限公司
版　　次	2024 年 5 月第 1 版
印　　次	2025 年 1 月第 2 次印刷
开　　本	787×1092　1/16
印　　张	11.75
插　　页	2
字　　数	155 千字
定　　价	68.00 元

凡购买中国社会科学出版社图书,如有质量问题请与本社营销中心联系调换
电话：010-84083683
版权所有　侵权必究

前　　言

　　文化和旅游高质量发展既是促进中国式现代化、建设文化强国、实现经济高质量发展的重要内容，也是满足人民美好生活需要的重要手段。囿于历史和现实的原因，中国文化事业、文化产业和旅游业距离高质量发展仍存在一定差距，主要体现为供需匹配程度不高、资源和要素利用效率不高、现代市场体系不健全、城乡区域群体差距较大、文化和旅游融合程度不深等方面。

　　伴随大数据、云计算、人工智能等新一代数字技术的广泛应用与深度嵌入，数字化正在从生产要素、生产力和生产关系等层面深刻地影响着文化和旅游的消费方式、生产方式、经营方式、管理方式和治理方式。依靠各种创新要素和创新机制，数字化将为实现文化和旅游高质量发展提供潜在动能和技术支撑。

　　本书将理论分析与实证研究相结合、案例研究与政策建议相结合，按照"是什么—为什么—怎么样—怎么办"的思路，从学理层面分析数字化与文化和旅游高质量发展的内涵以及二者之间的内在逻辑关系，从实证层面评估数字化对文化和旅游高质量发展的现实影响，从案例层面总结数字赋能文化和旅游高质量发展的具体经验，从对策层面就利用数字化进一步推动文化和旅游高质量发展提出政策建议。

　　全书分为七部分。

第一部分围绕"研究设计",从总体上介绍本书的研究背景、研究思路、研究框架、研究重点和研究方法。一方面,数字化对包括文化和旅游在内的各个领域产生广泛而深刻的影响;另一方面,文化和旅游高质量发展的目标也要求在产业运行、事业管理、公共治理等方面实现数字化转型。

第二部分围绕"核心概念",从理论上分析数字化、数字经济、高质量发展、文化和旅游高质量发展等关键术语。在此基础上,明确了需从数字基础设施建设、数据价值化、数字化产业、产业数字化和数字化治理五个维度来界定和衡量数字化,从要素创新利用、产品供给完善、供给体系多元化、产业融合升级和体制机制完善五个维度来衡量文化和旅游高质量发展。

第三部分围绕"发展基础",从实践上分析了文化和旅游领域的发展现状及其与高质量发展的差距,回顾了文化和旅游领域的数字化历程,并对其发展现状和存在不足进行了解析。总体来看,在政策引导、技术发展、产业推动、市场需求的共同作用下,文化和旅游领域数字化进程不断加快,但依然存在数字化转型制度障碍和人才短缺等问题。

第四部分围绕"学理分析",在系统梳理既有研究的基础上,从理论上分析了数字化与文化和旅游高质量发展的关系,建构了数字化对文化和旅游发展的影响机制分析框架,涉及微观、中观、宏观三个层面和需求、供给、环境三个维度,其影响体现为消费需求效应、技术创新效应、资源配置效应和制度变革效应等。

第五部分围绕"实证研究",从数字基础设施建设、数据价值化、数字化产业、产业数字化和数字化治理五个维度衡量数字化程度,从要素创新利用、产品供给完善、供给体系多元化、产业融合升级和体制机制完善五个维度衡量文化和旅游高质量发展水平,建立相关指标体系,从改变生产要素、改变生产力、改变生产关系三个方面分析数字化对文化和旅游高质量发展的影响。考虑到数据的可得性问题,分别就数字化对文化、旅游以及文化和旅游融合发展进行了实证分析。

第六部分围绕"典型案例",在明确导向性、实践性、创新性、有效性和示范性五条原则的基础上,从激发消费需求、技术创新应用、优化资源配置、带动制度变革四大类别中,选择15个具体案例对其项目概况、具体做法、经验启示等进行系统总结。这些案例涉及各类企业、事业单位和目的地管理机构,其典型经验对于同类主体具有重要借鉴和启发意义。

第七部分是全书落脚点,围绕"发展建议",基于数字化驱动文化和旅游高质量发展的机理路径、实际效果和其他相关研究结果,针对其中的堵点、难点、痛点问题,从产业政策、技术创新政策等方面提出建议,为更好地发挥数字化对文化和高质量发展的驱动作用提供政策建议和管理启示。

本书是在2023年文化和旅游部重大课题委托项目"数字化对文化和旅游高质量发展的影响及应对举措研究"基础上拓展而成的。感谢文化和旅游部政策法规司的信任与支持,感谢课题组同仁们的不懈努力。除了我的博士后杨晓琰和博士生张琴悦二人,中国社会科学院旅游研究中心秘书长金准博士、中国社会科学院财经战略研究院"西部之光"访问学者赵洁、中国社会科学院财经战略研究院访问学者蒋卓颖以及中国社会科学院大学商学院硕士研究生夏亚龙等均对此书有较多贡献。当然,此书得以及时出版,更离不开长期合作伙伴——中国社会科学出版社喻苗主任和本书责任编辑周佳的辛勤努力和专业贡献。

愿此书对您全面了解数字赋能文化和旅游发展的理论前沿和典型实践有所裨益。

宋瑞

2023年12月31日

摘要： 文化和旅游高质量发展是我国实现中国式现代化、建设文化强国、实现经济高质量发展、满足人民美好生活需要的重要要求。目前我国文化和旅游发展仍然存在供需匹配程度不高、资源和要素利用效率不高、现代市场体系不健全、城乡区域群体差距较大、文化和旅游融合程度不深等问题，与高质量发展要求仍有一定差距。新一代数字技术深刻地影响着文化和旅游的消费方式、生产方式、经营方式、管理方式和治理方式，为实现文化和旅游高质量发展带来新的契机。

本书将理论分析与实证研究相结合、案例研究与政策建议相结合，按照"是什么—为什么—怎么样—怎么办"的思路，从学理层面分析数字化与文化和旅游高质量发展的内涵以及二者之间的内在逻辑关系，从实证层面评估数字化对文化和旅游高质量发展的现实影响，从案例层面总结数字赋能文化和旅游高质量发展的具体经验，从对策层面就利用数字化进一步推动文化和旅游高质量发展提出政策建议。

全书分为七个部分。一是围绕"研究设计"，从总体上介绍本书的研究背景、研究思路、研究框架、研究重点和研究方法。二是围绕"核心概念"，从理论上分析数字化、数字经济、高质量发展、文化和旅游高质量发展等关键术语。三是围绕"发展基础"，回顾文化和旅游领域的数字化历程，总结当前的发展现状和不足。四是围绕"学理分析"，在系统梳理既有研究的基础上，从理论上分析数字化与文化和旅游高质量发展的关系，建构数字化对文化和旅游发展的影响机制分析框架。五是围绕"实证研究"，构建数字化程度、文化和旅游高质量发展水平的指标体系，从改变生产要素、改变生产力、改变生产关系等三个方面，实证分析数字化对文化和旅游高质量发展的影响。六是围绕"典型案例"，从激发消费需求、技术创新应用、优化资源配置、带动制度变革等四大类别中，选择 15 个具体案例对其项目概况、具体做法、经验启示等进行系统总结。七是围绕

"发展建议"，基于数字化驱动文化和旅游高质量发展的机理路径、实际效果和其他相关研究结果，针对其中的堵点、难点、痛点问题，从产业政策、技术创新等方面提出建议，为更好地发挥数字化对文化和高质量发展的驱动作用提供政策建议和管理启示。

关键词：数字化；高质量发展；文化和旅游高质量发展

Abstract: High-quality development of culture and tourism is an important requirement for China to achieve Chinese modernization, build socialist powerful cultural country, achieve high-quality economic development, and meet people's ever-increasing needs for a better life. However, the development of culture and tourism in our country has not yet achieved the goal of high-quality development. For example, there are still problems such as low matching between supply and demand, low efficiency in resource and factor utilization, incomplete modern market system, significant gap between urban and rural regional groups, and insufficient integration of culture and tourism, and so on. However, the new generation of digital technology is bringing new opportunities for the high-quality development of culture and tourism, affecting the consumption, production, operation, management, and governance methods of culture and tourism profoundly. This book combined theoretical analysis with empirical research, case studies with policy recommendations. Following the thinking of "what is-why-how to do". From the academic level, it analyzed the connotation of digitalization and high-quality development of culture and tourism and the internal logic relationship between them. From the empirical level, it evaluated the realistic impact of digitalization on high-quality development of culture and tourism. From the case level, it summarized the specific experience of digital enabling high-quality development of culture and tourism. From the policy level, it put forward policy recommendations on further promoting high-quality development of culture and tourism by using digitalization. Specifically, Chapter 1 focused on "research design", and generally introduced the research background, research thinking, research framework, research focus and research methods of this book. Chapter 2 focused on "core concepts", and theoretically analyzed key terms such as digitalization, digital economy, high-quality development, and high-quality development of culture and tourism. Chapter 3 focused on "development foundation", and reviewed the digitalization process in the field of culture and tourism, and analyzed its development status and deficiencies. Chapter 4 focused on "theoretical analysis", and analyzed the relationship between digitization and high-quality development of culture and tourism from a theoretical perspective on the basis of existing research in system mathematics, and constructed an analysis framework for the impact mechanism of digitization on the development of culture and tourism. Chapter 5 focused on "empirical analysis", and constructed an indicator system for the degree of digitization and the level of high-quality development of culture and tourism, and empirically analyzed the impact of digitization on the high-quality development of culture and tourism from three aspects: production factors, productivity, and production relations. Chapter 6 focused on "typical cases", selected 15 specific cases from four categories: stimulating consumer demand, technological innovation and application, optimizing resource allocation, and driving system change to systematically summarize their project overview, specific practices, and experience enlightenment. Chapter 7 is the foothold of the whole book. Centering on "development suggestions", based on the mechanism path, practical effect and other relevant research results of digital driving high-quality development of culture and tourism, and to address blockages, difficulties and pain points, suggestions and management inspirations were proposed from the perspectives of industrial policy, technological innovation policy and so on for better playing the driving role of digitalization in high-quality development of culture and tourism.

Key Words: digitalization; high-quality development; high-quality development of culture and tourism

目　录

一　研究设计 …………………………………………（1）
（一）研究背景 ………………………………………（1）
（二）研究思路 ………………………………………（3）
（三）研究内容 ………………………………………（4）
（四）研究重点 ………………………………………（5）
（五）研究方法 ………………………………………（8）

二　核心概念 …………………………………………（10）
（一）数字经济 ………………………………………（10）
（二）数字化 …………………………………………（12）
（三）高质量发展 ……………………………………（14）
（四）文化和旅游高质量发展 ………………………（15）

三　发展基础 …………………………………………（20）
（一）文化和旅游发展现状 …………………………（20）
（二）与高质量发展的差距 …………………………（29）
（三）文化和旅游领域数字化简要历程 ……………（33）
（四）文化和旅游领域数字化发展现状 ……………（37）
（五）文化和旅游领域数字化发展不足 ……………（45）

四 学理分析 ……（48）
（一）文献概述：已有研究的脉络与主要发现 ……（48）
（二）内在关系：数字化与文化和旅游高质量发展 ……（54）
（三）机理分析：数字化对文化和旅游发展的影响 ……（56）
（四）传导路径：数字化对文化和旅游高质量发展的促进 ……（57）

五 实证研究 ……（61）
（一）模型构建与数据说明 ……（61）
（二）实证分析与相关结果 ……（67）
（三）小结 ……（82）

六 典型案例 ……（86）
（一）案例分类与选择依据 ……（86）
（二）案例1. 长安十二时辰街区：营造沉浸式消费新场景 ……（88）
（三）案例2. 上海"建筑可阅读"：构建城市微旅行服务体系 ……（92）
（四）案例3. "云游鄂尔多斯"：提供主客共享的智慧文旅服务 ……（96）
（五）案例4. "浙里文化圈"：提供24小时不打烊的在线公共文化服务 ……（100）
（六）案例5. 敦煌石窟：数字化全方位赋能文物保护与文化传承 ……（104）
（七）案例6. 三星堆博物馆："科技+IP"令文物焕发活力 ……（106）
（八）案例7. 龙门石窟数字孪生平台：文物保护与景区服务的数字化应用 ……（110）

（九）案例 8. 中国国家博物馆中华文明云展：数智赋能
　　　赓续文化脉络 …………………………………（113）
（十）案例 9. 全国文化大数据交易中心：优化国家文化
　　　资源配置的关键 ………………………………（117）
（十一）案例 10. "乐游京津冀一码通"：智慧文旅平台
　　　　促进区域协同发展 …………………………（120）
（十二）案例 11. "智"旅分销平台：优化旅游产业链
　　　　结构与服务质量 ……………………………（123）
（十三）案例 12. 智慧甘图综合管理平台：科技促进
　　　　图书馆要素高效利用 ………………………（127）
（十四）案例 13. 北京智慧旅游地图：以平台带动旅游
　　　　公共服务变革 ………………………………（130）
（十五）案例 14. 黄山区全域智慧管理系统：以数字
　　　　科技助力政企协作 …………………………（133）
（十六）案例 15. 全国旅游服务质量监测平台：以科技
　　　　推动治理现代化 ……………………………（137）

七　发展建议 ……………………………………………（142）
（一）加强顶层设计 …………………………………（142）
（二）完善政策措施 …………………………………（146）
（三）夯实发展基础 …………………………………（149）
（四）培育新型业态 …………………………………（150）
（五）激发企业创新 …………………………………（152）

参考文献 ……………………………………………………（156）

附　录 ………………………………………………………（163）

一 研究设计

（一）研究背景

文化和旅游高质量发展既是促进中国式现代化、建设文化强国、实现经济高质量发展的重要内容，也是满足人民美好生活需要的重要手段。伴随国内工业化、城镇化的快速发展，大众化、多样化消费需求日益增长，中国文化和旅游产业得到快速发展。党的十八大以来，以习近平同志为核心的党中央高度重视文化和旅游工作，对文化和旅游融合发展作出一系列重要部署。2018年，组建文化和旅游部，以推动文化事业、文化产业和旅游业融合发展。党的十九届五中全会作出"推动文化和旅游融合发展"的战略部署。《"十四五"文化和旅游发展规划》指出，坚持以文塑旅、以旅彰文，完善文化和旅游融合发展的体制机制，推动文化和旅游更广范围、更深层次、更高水平融合发展，推进文化和旅游业态融合、产品融合、市场融合。囿于历史和现实的原因，中国文化事业、文化产业和旅游业发展中还存在不平衡不充分等问题，主要表现为供需匹配程度不高、资源和要素利用效率不高、现代市场体系不健全、城乡区域群体差距较大、文化和旅游融合程度不深等，与实现文化和旅游产业高质量发展的目标还有一定差距。如何有效解决文化和旅游产业发展中存在的不足，推进文化和旅游高质量发展成为现阶段亟待解决的问题。

科技创新驱动高质量发展，是破解当前中国经济发展中突出矛盾和问题的重要抓手。随着大数据、云计算、人工智能等新一代数字技术的广泛应用与深度嵌入，数字化正在从生产要素、生产力和生产关系等层面深刻地影响着文化和旅游的消费方式、生产方式、经营方式、管理方式和治理方式。以互联网为代表的现代信息技术持续更新迭代，为文化和旅游业高质量发展提供了强大动力。依靠各种创新要素和创新机制，数字化为实现文化和旅游高质量发展提供潜在动能和技术支撑。以数字技术为支撑创造出的沉浸式、体验式、互动式消费新场景，网络视听、在线展览、在线演艺等新体验，满足了多样化消费体验。借助大数据、云计算创建的各类数字化平台，增强了文化和旅游消费的便利性和安全性。《"十四五"文化和旅游发展规划》明确指出，要"推进文化和旅游数字化、网络化、智能化发展，推动5G、人工智能、物联网、大数据、云计算、北斗导航等在文化和旅游领域应用"。

在数字经济蓬勃发展、产业数字化和数字产业化快速推进的当下，如何从学理层面科学认识数字化与文化和旅游高质量发展的内涵以及二者之间的内在逻辑关系？如何客观判断文化和旅游领域的数字化发展现状？数字化在促进文化和旅游高质量发展中应该以及已经发挥了什么作用？如何从实证层面客观评估数字化对文化和旅游高质量发展的现实影响？如何从对策层面就利用数字化进一步推动文化和旅游高质量发展提出政策建议？对这些问题作出解答，已成为当务之急。

在学理分析的基础上，本研究进一步利用统计数据进行实证研究，用计量经济学方法具体检验数字化对文化和旅游高质量发展的实际影响。需要特别说明的是，目前中国建立了《国家文化及相关产业统计分类》和《国家旅游及相关产业统计分类》体系，文化和旅游两大领域的统计体系相对独立，且各自涉及类别众多。因此，实证分析中所需数据便存在两个问题：一是没有统一的文化和旅游统计体系与具体指标；二是对文化和旅游高质量发展难以形成单一与公认的衡量标准。为此，本研究在发展基础、学理分析、典型案例选择和对策建议部分，将文化和旅游业作为统一整体进行分析，而在实证分析部分则分为文化产业、旅游产业、文化和旅游融合三个部分展开研究。其中，第三部分通过融合协调指数将文化和旅游作为整体，探讨数字化对文化和旅游融合的影响。

（二）研究思路

本研究围绕数字化与文化和旅游高质量发展，将理论分析、实证研究与政策建议相结合，试图回答"是什么—为什么—怎么样—怎么办"等一系列问题。

具体而言：一是厘清数字化、文化和旅游高质量发展的内涵及相互关系；二是构建数字化影响文化和旅游高质量发展的作用机制；三是采取定量和定性相结合的方法，对数字化赋能文化和旅游高质量发展的影响效果及作用机制进行实证检验；四是梳理文化和旅游企业数字化转型的典型案例，进一步印证文化和旅游企业数字化转型的路径和方向；五是根据理论、实证和案例分析，提出数字化提升文化和旅游高质量发展的政策建议和具体举措。本研究的技术路线图如图1-1所示。

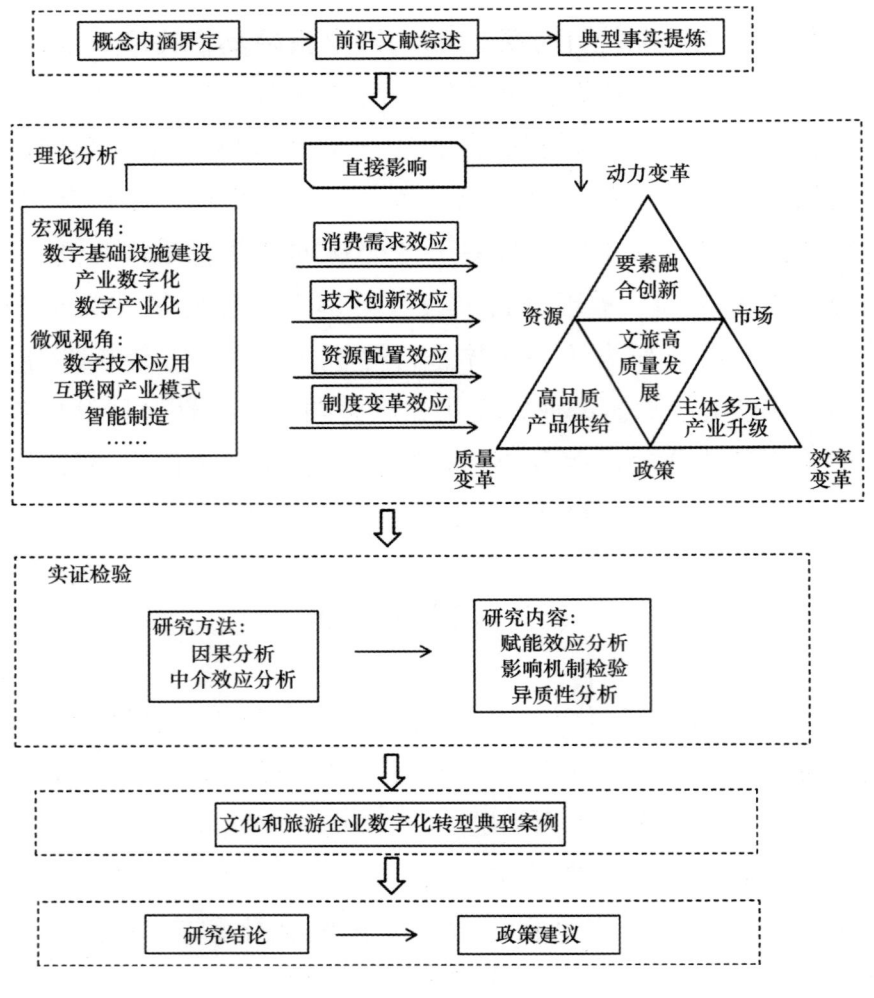

图 1-1 研究技术路线

（三）研究内容

本书围绕数字化赋能文化和旅游高质量发展的影响及应对举措，从七个方面展开研究。第一部分为研究设计，主要介绍研究整体情况，具体包括研究背景、研究思路、研究内容、研究方法等；第二部分为核心概念，主要对本研究涉及的数字经济、数字化、高质量发展、文化和旅游高质量发展等关键概念进行界定；第三部分为发展基础，重点分析文化和旅游产业发展现状、文化和旅游产业与高质量发展差距、文化和旅游产业数字化转型现状以及文化和旅游产业数字化转型存在的问题；第四部分为学理分析，在简要回顾了数字化赋能高质量理论机理、数字化赋能高质量发展路径研究和数字化赋能文化和旅游高质量发展研究的基础上，从理论上分析数字化与文化和旅游高质量发展的关系，阐释数字化影响文化和旅游高质量发展的理论机理、数字化影响文化和旅游高质量发展的传导渠道，为后续研究提供理论支撑；第五部分为实证研究，分别就数字化对文化产业高质量发展的影响效应和路径、数字化对旅游产业高质量发展的影响效应和路径、数字化赋能文化和旅游融合的路径进行实证研究；第六部分为典型案例，从数字化影响文化和旅游高质量发展的路径出发，选取了4种类型的15个典型案例进行解剖麻雀式的分析；第七部分为发展建议，基于研究结论，从加强制度设计、完善政策体系和激励企业创新等层面提出促进文化和旅游高质量发展、推动文化和旅游企业数字化转型的政策建议。

（四）研究重点

总体而言，本研究的研究重点集中在以下四个层面。

1. 学理层面：数字化、文化和旅游高质量发展的界定与测度（是什么）

数字化是指通过利用互联网、大数据、人工智能、区块链、人工智能等新一代信息技术，对企业、政府等各类主体的战略、架构、运营、管理、生产、营销等各个层面进行全面的系统性变革。数字技术能力不再只是单纯地解决降本增效问题，而是成为赋能模式创新和业务突破的核心力量。目前，针对数字化的测度尚未形成统一的标准。综合既有权威研究观点，本研究借鉴使用较广泛的做法，从互联网发展和数字普惠金融两个方面构建了数字经济综合发展指数。其中互联网发展由互联网普及率、互联网相关从业人员、互联网相关产出和移动互联网用户数构成；数字普惠金融采用北京大学数字金融研究中心发布的"数字普惠金融指数"。

党的二十大报告强调，"高质量发展是全面建设社会主义现代化国家的首要任务"，将"高质量发展"提升至前所未有的高度，并且将经济发展的主题确定为"推进高质量发展"，不断促进"经济实现质的有效提升和量的合理增长"。综合现有研究可见，经济高质量发展具有多重内涵，至少涉及发展目标、发展要素、发展方式、发展主体、发展效果等各个方面。总体而言，文化和旅游高质量发展就是要不断完善体制机制，依靠政府和市场的双重力量，提升资源利用效率、提供更高品质产品、拓展多元供给体系、实现产业融合与升级。为此，本研究从要素创新利用、产品供给完善、供给体系多元化、产业融合升级四个维度对文化和旅游高质量发展进行理论分析。受数据可获得性和连续性的影响，实证检验中未对文化和旅游高质量发展进行综合测定，而是对文化、旅游分别进行测算。

2. 学理层面：数字化与文化和旅游高质量发展的关系研究（是什么）

本研究的内在逻辑在于数字化水平的提高将对文化和旅游高质量发展产生直接或间接影响。具体来看，数字化对文化和旅游高质量发展的影响体现在三个方面。一是改变生产要素，即通过数字采集、数字确权、数字定价、数字交易等途径实现数据价值化，从而使数据成为与土地、资本、劳动力一样重要的生产要素。二是改变生产力，即通过数字产业化和产业数字化的方式，重塑和提升文化和旅游领域的生产力。三是改变生产关系，即通过建立多主体参与机制、数字技术推动下的治理体系和治理能力现代化、数字化公共服务设施完善和效能提升等，重塑和提升文化和旅游领域的生产关系。基于此，可系统回答数字化、文化和旅游高质量发展以及二者关系"是什么"等问题。

3. 实证层面：数字化对文化和旅游高质量发展的影响机制与影响效果（为什么＋怎么样）

数字技术是一种通用技术，具有较强的扩散性。数字技术与其他产业的融合会催生出更多的新产品、新业态和新模式。除了直接影响文化和旅游高质量发展，数字化还会通过发挥其溢出作用间接影响文化和旅游高质量发展。

数字化主要从微观、中观和宏观三个层面以及需求、供给和环境三个维度对文化和旅游高质量发展产生影响。具体来看：在微观层面，数字化可提升企业等市场主体的经营和管理效率；在中观层面，数字化可加快产业融合和转型升级；在宏观层面，数字化可促进区域协调发展。三个维度分别是需求、供给和环境维度。因此，可结合上述三个层面、三个维度构建数字化对文化和旅游高质量发展的影响机制，科学回答"为什么"的问题。基于此，本研究从微观、中观和宏观三个层面探求数字化对文化和旅游高质量发展的影响机制。在此基础上，分别就数字化对文化、旅游高质量发展的实际影响做出客观评价，科学回答"怎么样"的问题。

4. 对策层面：数字化促进文化和旅游高质量发展的政策体系研究（怎么办）

基于数字化驱动文化和旅游高质量发展的机理路径、实际效果和其他相关研究结果，结合中国数字化发展态势及文化和旅游高质量发展阶段性特征，针对作用路径中遇到的堵点、难点、痛点问题，需要从加强制度设计、完善政策措施和激励企业创新等方面提出配套的政策措施体系，为更好地发挥数字化对文化和高质量发展的驱动作用提供政策建议，从而系统回答"怎么办"的问题。

（五）研究方法

1. 部门座谈

为全面了解中国文化和旅游高质量发展现状、文化和旅游数字化历程、文化和旅游数字化转型现状，梳理文化和旅游高质量发展及数字化过程中存在的问题，形成更有针对性的指导建议，本课题组邀请宣传部门、改革与发展部门、文化和旅游管理部门以及相关事业单位、企业、学者等进行座谈。

2. 文献分析

本研究采用文献分析法，对数字化、数字经济、高质量发展、文化和旅游高质量发展等的相关内涵进行了界定。在此基础上，回顾了以往学者针对数字化与文化和旅游高质量发展关系、数字化赋能文化和旅游高质量发展的逻辑机理等的研究，在分类综述和总结归纳以往研究的基础上，发现理论空白，理清研究思路。

3. 实证研究

本研究利用主成分分析和熵值法对数字化评价体系赋权测算，并利用 Stata 软件对数字化对文化高质量发展、旅游高质量发展的影响进行检验，同时采用中介效应模型对数字化对文化高质量发展、旅游高质量发展、文化和旅游融合发展的影响途径进行检验。

4. 比较分析

为了更好地了解文化和旅游企业数字化转型的现状，本研究大量搜集文化和旅游企业数字化转型案例，通过比较文化和旅游企业的组织性质、转型方向、转型后效果、服务群体等，将现阶段文化和旅游企业数字化转型归为 4 个大类，并选择具体案例进行深度分析，以期为文化和旅游机构与企业数字化转型提供可借鉴的范例，并为完善数字化赋能文化和旅游高质量发展的制度体系提供实践依据。

二　核心概念

（一）数字经济

数字经济的概念早期出现在美国学者 Don Tapscott 于 1996 年出版的《数字经济：智力互联时代的希望与风险》一书中，此后，美国商务部于 1998 年发布了《新兴的数字经济》报告，由此数字经济的概念正式成型。尽管学术界对数字经济的研究角度差异较大，但基本可以达成以下共识，即数字经济是信息技术（或数字技术）、信息化带来的经济形态。[①] 就数字经济的具体解释而言，裴长洪等从生产手段所采用的技术属性的自然科学意义角度定义数字经济，强调数据信息及其传送是一种决定生产率的技术手段，是先进生产力的代表，这种技术手段可以渗透进工农业生产等各种生产活动中。[②] 陈晓红等指出，数字经济是以数字化信息（包括数字要素）为关键资源，以数字技术创新驱动为牵引，以一系列新模式和新形态为表现形式的经济活动。[③] 陈雨露从"技术—经济范式"出发，基于新技术、新要素、新产业、新型基础设施、新生产方式、新生活方式、

[①] 李长江：《关于数字经济内涵的初步探讨》，《电子政务》2017 年第 9 期。
[②] 裴长洪、倪江飞、李越：《数字经济的政治经济学分析》，《财贸经济》2018 年第 9 期。
[③] 陈晓红等：《数字经济理论体系与研究展望》，《管理世界》2022 年第 2 期。

新社会经济运行七方面的范式解构数字经济。①

从数字经济的构成来看，不同学者和机构的理解有所不同，且不断发生变化。在《中国数字经济发展白皮书（2017年）》中，中国信息通信研究院将数字经济定义为，以数字化的知识和信息为关键生产要素，以数字技术创新为核心驱动力，以现代信息网络为重要载体，通过数字技术与实体经济深度融合，不断提高传统产业数字化、智能化水平，加速重构经济发展与政府治理模式的新型经济形态。同时，中国信息通信研究院从生产力角度提出了数字经济"两化"框架，即数字经济包括数字产业化和产业数字化两大部分。江小涓认为数字产业化是数字技术带来的产品和服务，如电子信息制造业、信息通信业、软件服务业、互联网业等；产业数字化指的是产业原本就存在，但是利用数字技术后，带来了产出增长和效率提升。② 之后随着研究和实践的深入，中国信息通信研究院考虑到组织和社会形态的显著变迁，又从生产力和生产关系的角度提出了数字经济"三化"框架，即数字产业化、产业数字化和数字化治理，认为数字经济蓬勃发展，不仅推动经济发展质量变革、效率变革、动力变革，更带来政府、组织、企业等治理模式的深刻变化，体现生产力和生产关系的辩证统一。《中国数字经济发展与就业白皮书（2020年）》中将数字经济修正为"四化"框架，即数字产业化、产业数字化、数字化治理和数据价值化。

就数字经济的统计和规模而言，国家统计局以规模测算为目标，于2021年6月发布了《数字经济及其核心产业统计分类（2021）》，延续了"十四五"规划纲要对数字经济发展的核心要求，为中国数字经济提供了统一可比的统计标准、口径和范

---

① 陈雨露：《数字经济与实体经济融合发展的理论探索》，《经济研究》2023年第9期。

② 江小涓：《数字时代的技术与文化》，《中国社会科学》2021年第8期。

围。其中，将数字经济定义为"以数据资源作为关键生产要素、以现代信息网络作为重要载体、以信息通信技术的有效使用作为效率提升和经济结构优化的重要推动力的一系列经济活动"。遵循这一概念，国家统计局从"数字产业化"和"产业数字化"两个方面明确了数字经济的基本范围。其中，数字产业化包括数字产品制造业、数字产品服务业、数字技术应用业、数字要素驱动业，产业数字化包括数字化效率提升业，并将数字产业化确定为数字经济的核心产业，是数字经济发展的基础，而产业数字化则涵盖智慧农业、智能制造、智能交通、智慧物流、数字金融、数字商贸、数字社会、数字政府等数字化应用场景。

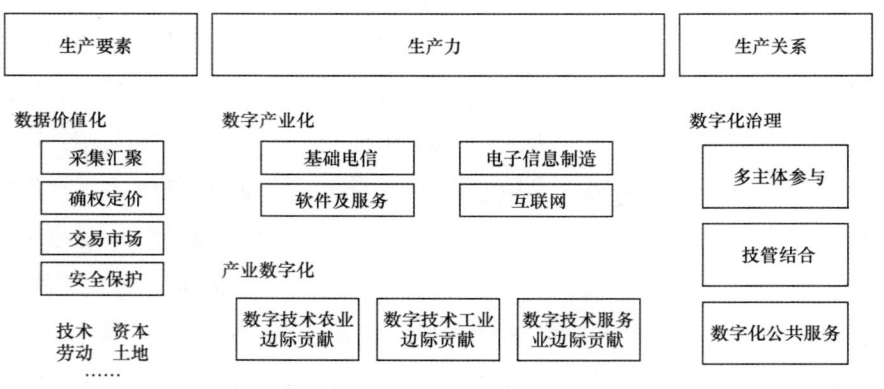

图 2-1 中国信息通信研究院数字经济"四化"框架

（二）数字化

数字化是信息化发展的全新阶段。随着 5G、云计算、大数据、物联网以及人工智能等新一代信息技术进入大规模应用和扩散期，数字经济成为当今世界的主要经济形态。《"十四五"数字经济发展规划》提出，"数字经济是继农业经济、工业经济之后的主要经济形态，是以数据资源为关键要素，以现代信息网络为主要载体，以信息通信技术融合应用、全要素数字化转型为重要推动力，促进公平与效率更加统一的新经济形态"。由此可见，数字资源是发展数字经济的关键要素，发挥融合作用和推动数字化转型则是重要推动力。

数字化的概念有狭义和广义之分。狭义的数字化是指利用信息系统、各类传感器、机器视觉等信息通信技术，将物理世界中复杂多变的数据、信息、知识，转变为一系列二进制代码，引入计算机内部，形成可识别、可存储、可计算的数字、数据，再以这些数字、数据建立起相关的数据模型，进行统一处理、分析、应用，这就是数字化的基本过程。广义的数字化是指通过利用互联网、大数据、人工智能、区块链等新一代信息技术，对企业、政府等各类主体的战略、架构、运营、管理、生产、营销等各个层面进行全面的系统性变革。数字技术能力不再只是单纯地解决降本增效问题，而是成为赋能模式创新和业务突破的核心力量。不同语境下，数字化具有不同的含义，本研究采用广义数字化的概念，泛指企业、政府等各类主体利用数字技术所开展的一系列变革。

数字化是赋能高质量发展的重要抓手，其影响主要体现在两个大的层面：一是生产力层面，即数字技术把各种信息变成数据，通过传感器、系统模型、自动化装置、机械执行机构等进行信息采集、处理、存储、使用、反馈，使生产方式逐渐向智能化等高阶段发展；二是生产方式层面，即数字技术带来的社会影响和产业变革，其中最重要的是企业运作方式（包括业态、模式等）和生活方式的变革。[1] 因此，数字化进程是通过数字技术对生产力和生产关系进行迭代革新，推动经济高质量发展的过程。

---

[1] 肖京、赖家材主编：《数字化赋能高质量发展》，人民出版社2023年版。

（三）高质量发展

党的二十大报告强调，"高质量发展是全面建设社会主义现代化国家的首要任务"，将"高质量发展"提升至前所未有的高度，并且将经济发展的主题确定为"推进高质量发展"，不断促进"经济实现质的有效提升和量的合理增长"。

总体来看，高质量发展至少涉及以下几个方面。（1）从发展目标来看，高质量发展致力于实现"更高质量、更有效率、更加公平、更可持续"的发展，以此满足人民日益增长的美好生活需要和推动人的全面发展。（2）从发展方式来看，高质量发展意味着经济发展方式向集约型增长转变，意味着要将由要素投入驱动的粗放型高速增长转变为以科技进步、管理水平改善和劳动者素质能力提高为主的集约型增长。（3）从发展内容来看，高质量发展内在包含经济、民生、生态、安全等多方面内容。（4）从发展结构来看，高质量发展具有宏观、中观和微观三重视角。宏观视角下，高质量发展意味着供给与需求在相互影响中实现动态平衡，意味着经济增长的稳定性、发展的均衡性、环境的协调性、社会的公平性；中观视角下，高质量发展体现在产业和区域产业结构与区域协调方面；微观视角下，高质量发展不仅表现在产品的种类、数量和质量方面，也包括一流企业的培育、具有品牌影响力的打造等，还体现在人民的幸福感指数等。（5）从发展要素来看，高质量发展对提高要素质量和配置效率、增加新的生产要素提出了新的要求。从推动中国式现代化、建设文化强国的总体要求以及实现文化和旅游高质量发展的内在需要来看，文化和旅游高质量发展的关键在于如何有效发挥有为政府和有效市场的共同作用，合理匹配和科学使用各类资源，系统设计和有效执行相关政策，实现动力变革、质量变革和效率变革。

（四）文化和旅游高质量发展

实现文化产业高质量发展是丰富社会主义文化内涵、推动"双循环"格局形成的重要途径，为实现文化强国战略、带动国民经济增长助力。① 鉴于文化产业高质量发展对中国经济发展的重要性，文化高质量发展已经成为学术界热议话题。以往学者主要从两个角度对文化高质量发展的内涵进行了研究。其一，结合时代发展背景和文化产业自身发展特点，对文化产业高质量发展进行了理论阐释。例如，范建华、秦会朵将文化产业高质量发展的内涵与"十四五"时期文化产业建设发展相结合，界定了文化产业高质量发展的内涵。② 宗祖盼基于"五位一体"总体布局，从历时性、战略性和前瞻性等方面把握文化产业高质量发展的内涵。③ 常天恺和齐骥立足中国式现代化，指出在中国式现代化进程中，以满足人民精神文化需求和美好生活需要为目的，以数字技术赋能传统产业和业态创新为动力，通过创新创造提供优质文化产品，以强大的内部凝聚力和外部影响力推进文化自信自强。④ 其二，立足文化产业自身发展，阐释高质量发展的内涵。例如，魏鹏举认为文化产业要实现高质量发展，需要达到支柱产业的标定、升级文化产品供给、保障文化消费的持续繁荣、提升国际文化服务贸易能力。⑤ 李培峰认为，文化

---

① 张祝平：《新时代我国文化产业高质量发展的内在要求与路径选择》，《行政管理改革》2023年第1期。
② 范建华、秦会朵：《"十四五"我国文化产业高质量发展的战略定位与路径选择》，《云南师范大学学报》（哲学社会科学版）2021年第5期。
③ 宗祖盼：《深刻理解文化产业高质量发展的内涵与要求》，《学习与探索》2020年第10期。
④ 常天恺、齐骥：《中国式现代化视角下文化产业高质量发展的理论阐释与实践路径》，《治理现代化研究》2023年第3期。
⑤ 魏鹏举：《中国文化产业高质量发展的战略使命与产业内涵》，《深圳大学学报》（人文社会科学版）2020年第5期。

产业作为包含意识形态属性的产业，文化高质量发展是产业管理体系、产业创新体系、文化事业和文化产业、产品和服务内容的高质量发展。①

  关于旅游产业高质量发展的内涵，学术界并没有形成统一的认识。何建民参照党的十九大报告对经济高质量发展的全面要求，提出旅游业高质量发展系统至少应包含旅游发展方式、旅游产业结构、旅游增长动力、坚持质量第一、旅游供给侧结构性改革等诸多要素。② 旅游经济高质量发展的质量主体是旅游业发展质量，旅游业发展质量是旅游业与社会、经济、生态环境及消费者评价相融合的综合指标，③ 包括运行质量、产品质量、增长方式和环境质量等，是旅游业发展水平、市场竞争力及利益相关者满足程度的综合反映。④ 因此，旅游经济高质量发展应包括实现旅游经济效率提高、产业与消费结构优化、旅游生态环境改善等内容。⑤ 胡静等认为，旅游业高质量发展的核心要义是"供给的有效性"和"发展公平性"。⑥ 宋瑞认为，旅游产业高质量发展至少应包含以下四个维度。一是产业效率的维度。所谓高质量发展，就是更高效率的发展。过去 40 多年的发展，中国旅游一定程度上是靠大量的资源投入、资本投入、低成本劳动力的投入和更多土地投入实现的。未来，土地的投入、劳动力的投入，包括资源的投入，规模基数基本已经确定。要

---

  ① 李培峰：《新时代文化产业高质量发展：内涵、动力、效用和路径研究》，《重庆社会科学》2019 年第 12 期。
  ② 何建民：《新时代我国旅游业高质量发展系统与战略研究》，《旅游学刊》2018 年第 10 期。
  ③ 刘大均、谢双玉、逯付荣：《中国旅游业发展质量空间差异综合分析》，《资源开发与市场》2012 年第 8 期。
  ④ 陈秀琼、黄福才：《中国旅游业发展质量的定量评价研究》，《旅游学刊》2006 年第 9 期。
  ⑤ 刘英基、韩元军：《要素结构变动、制度环境与旅游经济高质量发展》，《旅游学刊》2020 年第 3 期。
  ⑥ 胡静、贾垚焱、谢鸿璟：《旅游业高质量发展的核心要义与推进方向》，《华中师范大学学报》（自然科学版）2022 年第 1 期。

实现更高质量的发展，就得通过创新获得更高的效率。二是综合效应的维度。高质量发展是从以往追求经济收益向追求综合效应的发展。旅游业高质量发展还应兼顾生态效应和社会效应。三是区域平衡的维度。从区域差异和城乡融合的角度来看，高质量发展就是要缩小东西部地区之间、城乡之间的差距。不管是旅游经济规模、旅游设施条件，还是旅游管理水平、旅游服务能力，以及当地居民的出游情况，要逐步缩小这些方面的差距。四是游客满意的维度。高质量发展一定会让游客更加满意，旅游舒适度更高，更能够体验到旅游本身的乐趣，更能放松身心、开阔视野等。①

从推动中国式现代化、建设文化强国的总体要求以及实现文化和旅游高质量发展的内在需要来看，文化和旅游高质量发展的关键在于如何有效发挥有为政府和有效市场的共同作用，合理匹配和科学使用各类资源，系统设计和有效执行相关政策，

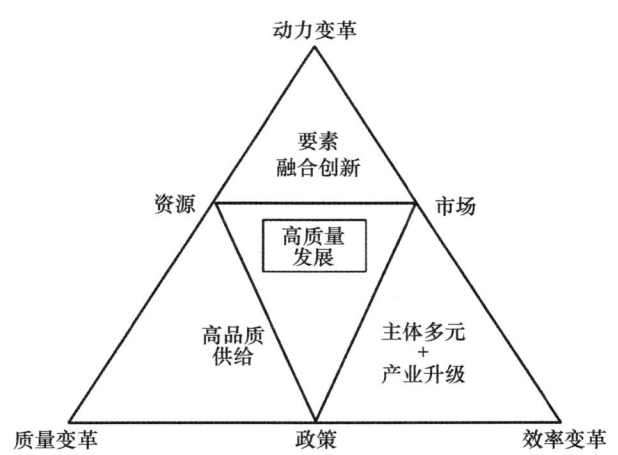

图 2-2 文化和旅游高质量发展

资料来源：根据向晓梅、胡晓珍、吴伟萍《我国文化产业高质量发展的理论逻辑与政策取向》，《广东社会科学》2023 年第 1 期改编。

---

① 《机构整合为旅游业发展铺路　四维度诠释高质量发展》，2021 年 2 月 26 日，中国网，http://travel.china.com.cn/txt/2021-02/26/content_77252427.html。

实现动力变革、质量变革和效率变革。概言之，文化和旅游高质量发展就是要不断完善体制机制，依靠政府和市场的双重力量，提升资源利用效率、提供更高品质的产品、拓展多元供给体系、实现产业融合与升级。

第一，要素融合创新。立足新发展阶段，瞄准新发展需求，文化和旅游高质量发展是建立在更广范围、更深程度、更高水平基础上的融合发展。一方面，文化和旅游高质量发展是文化和旅游深度融合发展。文化和旅游融合发展是文化和旅游系统各要素相互渗透、交叉融合或整合重组，逐渐突破原有的产业边界或要素领域，实现相互依存、共生互融、互动共进的过程。通过深入挖掘旅游资源的独特文化价值，把历史文化和现代文明融入旅游发展之中，在产业、业态、技术、产品、公共服务等方面实现融合，是顺应文化和旅游发展的大趋势，推动文化和旅游高质量发展的内在要求和必然结果。另一方面，"文旅+"是实现文化和旅游高质量发展的重要途径。随着日益多元化和个性化的消费需求与经济的发展，文化和旅游需要与科技、体育、康养、乡村等各类要素结合起来融合发展，打造新产品、新业态、新模式，才能提升竞争力，实现高质量发展。

第二，高品质产品供给。新时代文化和旅游产品供给不再是原来的普及和全覆盖，而是向满足多样化和个性化需求的高质量供给跃进。在高品质文化产品供给方面，主要表现为文化供给水平、高端文艺产品创作与公共文化覆盖性和质量。其中，文化供给水平不仅包括文化供给数量，还应包括供给的有效性，即供给区域之间、城乡之间的平衡性和供给质量问题。在旅游方面，高品质旅游产品供给实质上是在合理利用自然资源的基础上，适应旅游市场个性化、品质化、智能化消费需求，提供的各类特色高质量特色旅游产品。提供高品质旅游产品和服务，根本上是要满足人们日益变化的消费需求，做到质的有效提升和量的合理增长。

第三，多元化主体。文化和旅游需求多样化、供给产品品质化、供给服务优质化、区域协调化等，要求文化和旅游产业发展需要多元主体参与。各级政府除产业发展的调控、管理、引导和服务，还为文化和旅游市场提供基础的文化和旅游服务，企业、当地居民、研究机构、消费者等诸多利益相关者也是文化和旅游业发展的重要参与者。因此，多元主体（如部分民间艺术团体、博物馆、图书馆等）参与公共文化设施运营、活动项目打造、服务资源配送、丰富文化和旅游产品等，对完善市场竞争体系、促进文化和旅游高质量发展具有重要意义。

第四，产业转型升级。文化和旅游高质量发展是产业组织形态的高级化、产业结构的合理化协同演进的过程。高级化是以技术创新为动力，文化和旅游产业不断向资源深度开发利用、产出高附加值化的方向发展，消费者满意度更高的文化和旅游景点及服务设施占有越来越重要的地位。合理化则是文化和旅游产业内部结构具有较强的互补性和协调性，进而有助于实现文化和旅游经济持续稳定增长。

三 发展基础

(一) 文化和旅游发展现状

1. 文化和旅游行业供给情况

从行业规模来看,根据《中国统计年鉴》,2022年年末纳入统计范围的全国各类文化和旅游单位32.89万个、从业人员448.37万人(见图3-1)。2012—2021年,文化和旅游机构数量在2017年达到最高,随后有所下降;相较而言,文化和旅游从业人员稳步增长,在2019年达到最大值,但在新冠疫情后的

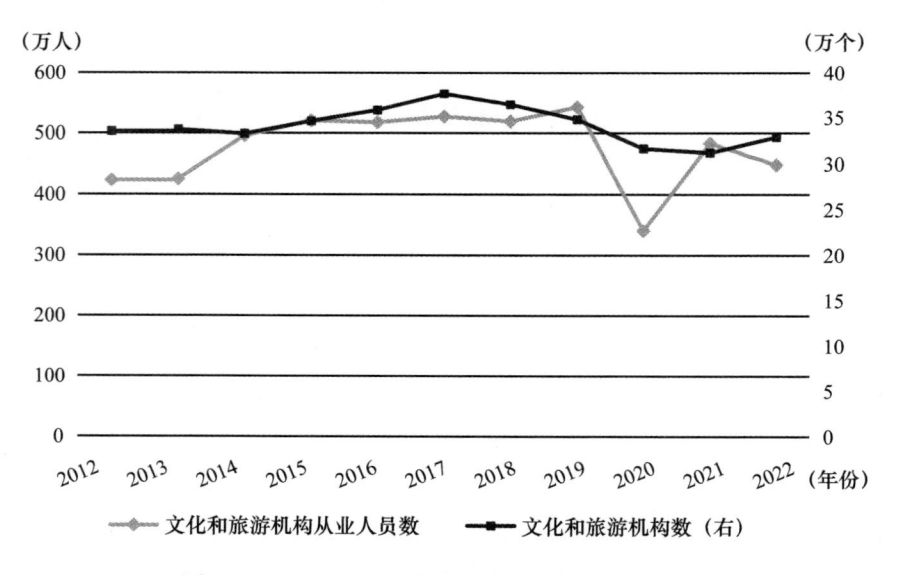

图3-1 2012—2021年文化和旅游机构发展情况

发展受到限制。

从行业构成来看，根据文化和旅游部数据，2022年年末，全国共有旅行社45162家，星级饭店7337家（见图3-2）。①2010—2022年，旅行社、5A级景区数量有明显增长，分别增长了98%、318%，而星级饭店数量却减少了48%。2011年以来，星级饭店市场已经出现饱和，市场规模不断缩减，旅行社的数量增加较为稳定，但2016年之后旅行社市场波动明显，新冠疫情期间尤为突出。

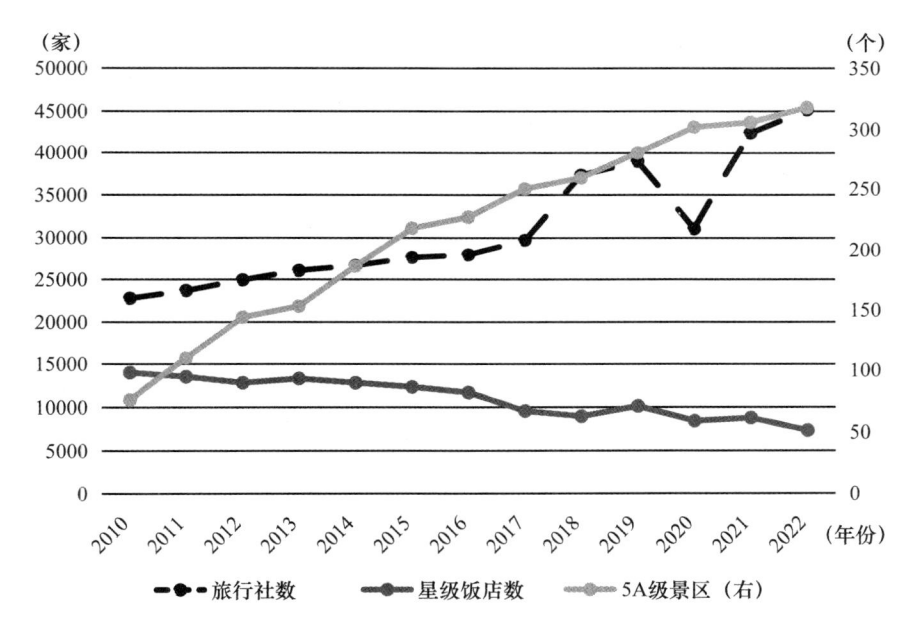

图3-2 2010—2022年旅行社、星级饭店、5A级景区发展情况

从文化相关行业来看，根据文化和旅游部数据，2022年年末，文化市场经营单位共计20.28万家，艺术表演场馆3199

---

① 《2022年度全国旅行社统计调查报告》，2023年4月28日，文化和旅游部网站，https：//zwgk.mct.gov.cn/zfxxgkml/tjxx/202304/t20230428_943499.html；《2022年度全国星级饭店统计调查报告》，2023年4月4日，文化和旅游部网站，https：//zwgk.mct.gov.cn/zfxxgkml/tjxx/202304/t20230404_941165.html。

个、美术馆718个、博物馆6565家，国家级非遗代表性项目1557项，非遗工坊2500余家。艺术表演团体共演出166.07万场，线上演出展播7.63万场，全年全国各类非物质文化遗产保护机构举办演出57762场，举办民俗活动13664次，举办展览18107场。[①] 以博物馆和艺术演出的发展为例（见图3-3），博物馆的设立与制度政策和审核相关，增长更为稳定。根据文化和旅游部的数据，2012—2022年，博物馆数量增长了170%。艺术演出在2012—2018年迅速增长，2018年后受到市场状况、经济环境等多方面的影响，呈波动式发展。

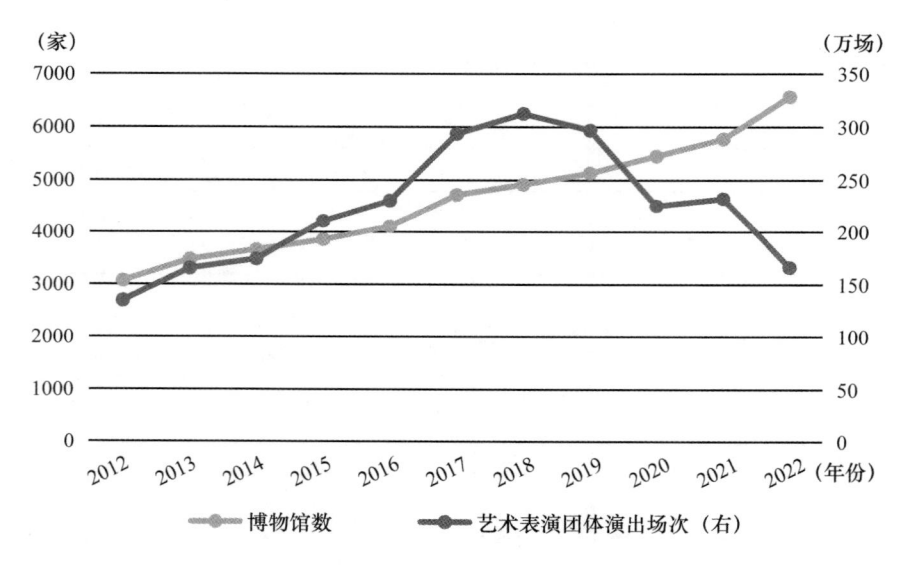

图3-3 2012—2022年博物馆与艺术表演演出情况

从行业类型来看，文化和旅游市场类型不断丰富。随着技术使用场景的丰富、休闲旅游需求的多元化，文化和旅游领域不断涌现出新的业态。这主要是基于旅游和文化本身均具

---

① 《中华人民共和国文化和旅游部2022年文化和旅游发展统计公报》，2023年7月13日，文化和旅游部网站，https：//zwgk.mct.gov.cn/zfxxgkml/tjxx/202307/t20230713_945922.html。

备强包容性和延展性的特质。旅游业是一个具有丰富要素的系统，能够满足旅游消费者的"食、住、行、游、购、娱"等方面的需求，旅游服务提供方式具有综合性，旅游体验具有整体性，同时，文化是具有高度渗透性的，在打破行业边界方面具有天然优势。包括文化体验游、乡村民宿游、休闲度假游、生态和谐游、城市购物游、工业遗产游、研学知识游、红色教育游、康养体育游、邮轮游艇游、自驾车房车游等在内的文旅新业态不断发展，促进了文旅行业市场的多样化。

2. 文化和旅游企业投资情况

从投资整体规模来看，文化和旅游行业呈现出周期性变化。2011年前，中国旅游投资的不确定性较大。一方面由于中国旅游行业内生发展的不成熟，另一方面受到SARS、国际金融危机等外生冲击的影响。2011年后，中国旅游投资机制体制的不断完善，国家政策对旅游投资的刺激也发挥较大作用，旅游投资整体上呈现稳定增长的趋势。[①] 面对经济发展新常态，大多行业投资增长减缓，即使在新冠疫情冲击、全球旅游投资平均增速低于5%的情况下，中国文化和旅游投资仍然保持了两位数增长。[②] 根据世界旅游理事会（WTTC）数据，2022年中国文化和旅游投资达到1460亿美元，全球排名第二。

从文化和旅游投资的空间结构来看，东部、中部、西部三大区域的投资存在显著的空间不均衡，区域间差异较大且不断扩大，而区域内的相对差异存在收敛趋势。其中，东部地区一直是旅游发展和旅游投资的热点地区，其旅游投资在全国的占

[①] 苏建军、宋咏梅、王会战：《中国旅游投资增长周期波动性及其溢出效应》，《技术经济》2017年第10期。

[②] 王笑宇：《经济新发展格局下中国文化旅游投资变化及趋势》，《旅游学刊》2021年第1期。

比超过60%，投资主要集中于长三角城市群、珠三角城市群、京津冀城市群和辽中南城市群等地区；其次为西部地区，占全国比例接近25%；中部地区的旅游投资占比最小，仍有巨大的发展空间。[1]

从文化和旅游投资的主体构成来看，市场的巨大发展潜力吸引了大量民营资本、政府资本和其他行业背景的企业跨界投资，整体呈现出民营资本为主、政府投资和国有企业为辅的多元投资格局。自2013年起，原文化部每年面向全国征集一批优质文化产业项目，支持重点项目。原国家旅游局也自2016年起与多家金融机构共同推动一批优选旅游项目落地。文化和旅游部门合并后，2019年文化和旅游部与国家开发银行、中国进出口银行、中国农业发展银行、中国工商银行、中国银行、中国光大银行6家金融机构联合开展全国文化和旅游投融资项目遴选，又建立了全国文化和旅游投融资项目库，2021年总投资6194.1亿元，支持文化和旅游企业的项目融资，特别是民营、中小微文旅企业的融资。[2] 这种合作机制充分发挥了政府部门的组织协调优势和金融机构的资源能力，推动了投资结构的改善。

3. 文化和旅游需求发展情况

从文化和旅游消费的整体趋势来看，中国国内旅游人数总体呈上涨趋势，国内旅游需求不断增大，2019—2022年受新冠疫情影响波动较大（见图3-4）。文化和旅游部的数据显示，2023年，国内旅游总计48.91亿人次，同比增长93.3%，国内旅游收入4.91万亿元，同比增长140.3%，表现出良好的恢复

---

[1] 苏建军、李丹：《中国旅游产业投资及驱动力的时空特征研究》，《地理与地理信息科学》2023年第4期。
[2] 《320个全国文化和旅游投融资项目拟投资超6000亿元》，2021年1月12日，中国政府网，https://www.gov.cn/xinwen/2021-01/12/content_5579272.htm。

态势。① 对于文化和旅游相关的需求增长，以艺术表演和博物馆参观为例（见图3-5），根据《中国统计年鉴》2007—2019年，艺术表演的观众人次增长迅速，增长了338%，而相较而言，博物馆参观人次增长了38%，需求较为稳定。

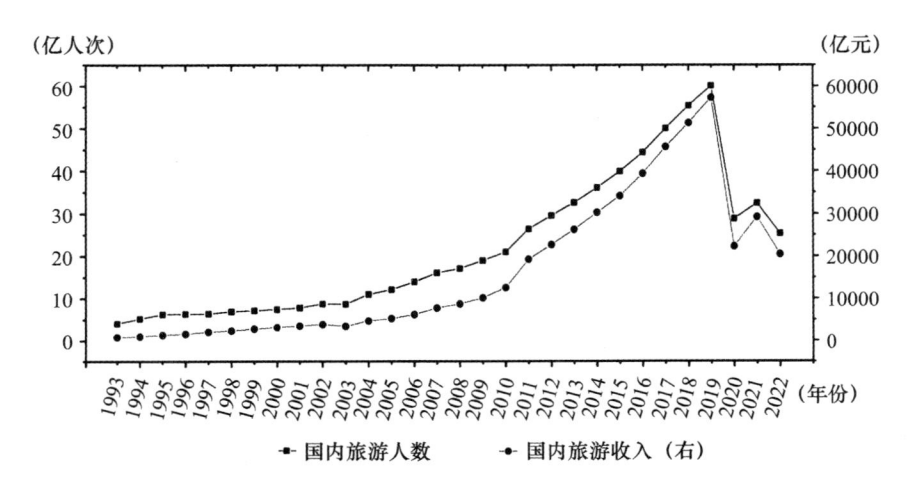

图3-4 1993—2022年中国国内旅游人数及旅游收入

资料来源：1978—2020年数据来源于《中国社会统计年鉴（2021）》；2021—2022年数据来源于《2022年国民经济和社会发展统计公报》。

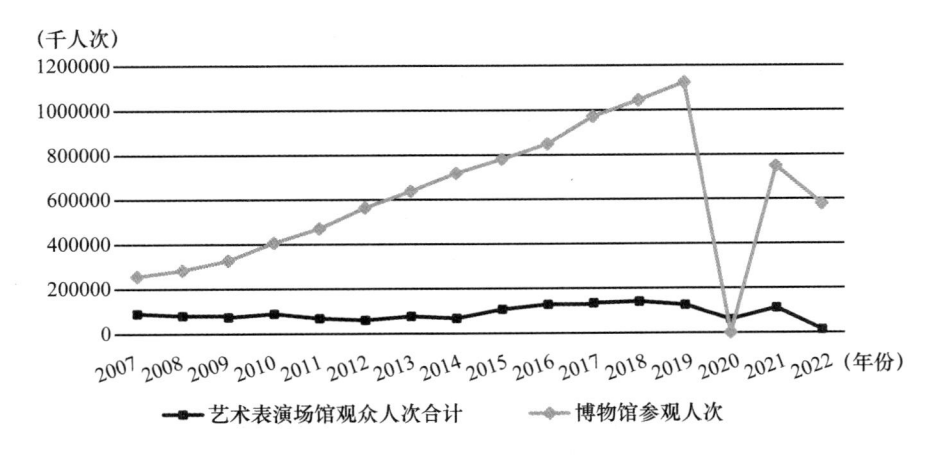

图3-5 2007—2022年艺术表演和博物馆参观人次

资料来源：《中国统计年鉴》。

---

① 《2023年国内旅游数据情况》，2024年2月10日，中国政府网，https://www.gov.cn/lianbo/bumen/202402/content_6931178.htm。

从文化和旅游消费的城乡结构来看，城镇居民始终是中国文化和旅游消费的主体，旅游人次和旅游消费一直高于农村居民。受国内外环境不确定性冲击时，农村居民的旅游需求受到的影响更小。根据文化和旅游部统计的数据，2023年上半年中国城镇居民、农村居民国内旅游人次分别为18.59亿、5.25亿，同比增长70.4%、44.2%，出游花费分别为1.98万亿元、0.32万亿元，同比增长108.9%、41.5%。① 可见，城镇居民旅游需求的恢复速度强于农村居民。

从旅游需求的客源地和目的地结构来看，存在空间极化现象。根据文化和旅游部的数据，2023年上半年，东部地区是旅行社组织和接待旅游最多的地区（见图3-6）。对于组织人数而言，东部地区旅行社组织的旅游人次数超过全国的半数，中部地区的旅游组织人次数高于西部地区，但旅游组织人天数低于西部地区。从接待人次数来看，西部地区旅行社的接待人次数略高于中部地区。各省份中，组织旅游人次数最多的是浙江省（834.07万人次），其次为广东省（704.23万人次）、江苏省（562.58万人次），组织旅游人天数最多的分别是浙江省（1867.45万人次）、广东省（1492.34万人次）、重庆市（1472.59万人次）；接待旅游人次数最多的分别是浙江省（852.42万人次）、江苏省（806.36万人次）、湖北省（727.90万人次），接待旅游人天数最多的分别是浙江省（1563.97万人次）、云南省（1438.86万人次）、江苏省（1300.15万人次）。

4. 文化和旅游公共管理情况

从文化和旅游的公共管理结构来看，中国的文化和旅游管

---

① 《2023年上半年国内旅游数据情况》，2023年7月8日，中国政府网，https://www.gov.cn/lianbo/bumen/202307/content_6892643.htm。

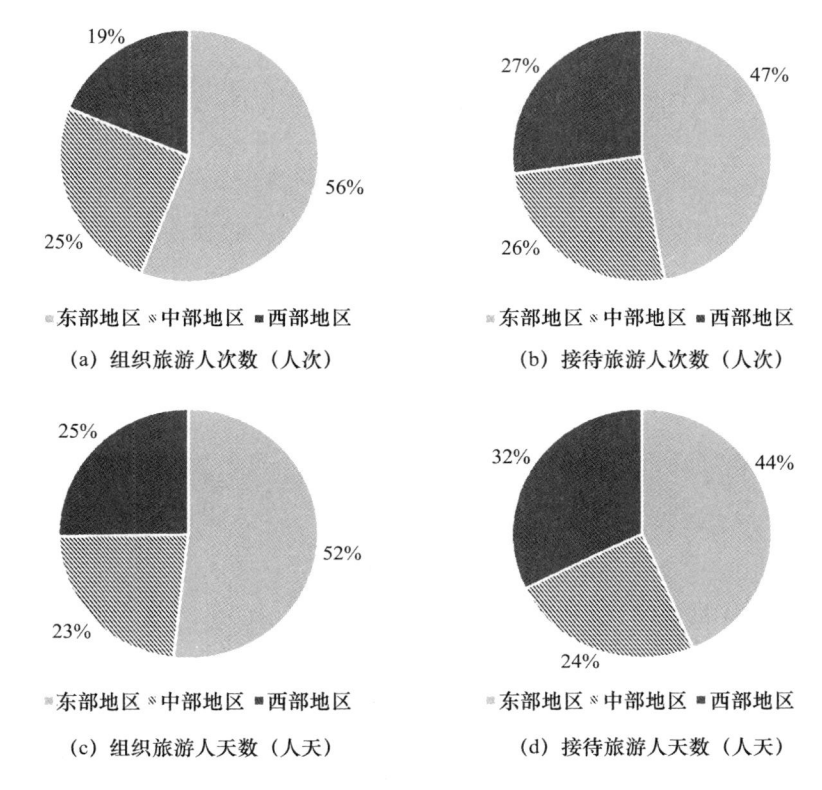

图 3-6 2023 年上半年全国旅行社组织接待国内旅游情况

理机构经历了初创起步、成长突破、全面拓展和融合发展四个阶段。在不同时期，中国文化和旅游管理的主要任务不断调整，从外交部的外事行政管理部门到政企分离，再到文化和旅游的融合发展。[①] 目前，文化和旅游正处于融合发展快速推进阶段，旅游管理机构的主要任务是指导旅游业从单纯的以经济发展为核心的高速发展阶段，向以文化、品质内容为核心的高质量发展阶段转变。

从文化和旅游标准体系建设来看，文化和旅游标准体系不

---

① 徐艳晴、郭娜：《我国旅游管理机构的演变与前瞻》，《海南大学学报》（人文社会科学版）2023 年第 6 期。

断完善。2000年，国家旅游局发布《旅游业标准体系表》，此后建立起中国旅游标准框架体系。中国旅游标准体系围绕旅游业基础标准、旅游业要素系统标准、旅游业支持系统标准、旅游业工作标准等方面不断进行修订和完善。[①] 根据文化和旅游部数据，截至2021年年底，中国现行文化和旅游国家标准、行业标准累计232项（见图3-7）。[②] 2023年，文化和旅游部发布的《文化和旅游标准化工作管理办法》明确了各管理部门的职责、标准的制定、实施和监督，进一步推进了文化和旅游标准化建设。

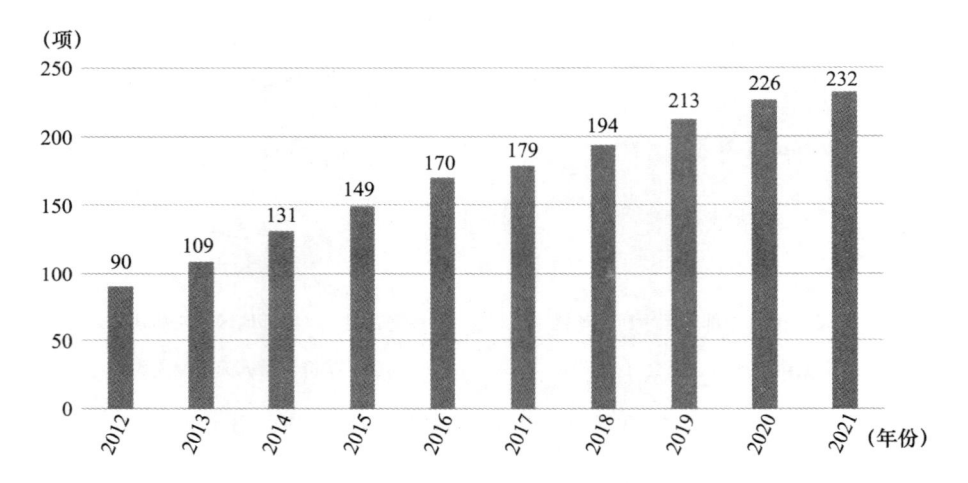

图3-7 2012—2021年文化和旅游国家标准、行业标准累计发布情况

从文化和旅游产业政策来看，在文化和旅游融合的趋势背景下，相关政策陆续出台，在规范文化和旅游行业管理、提升文化和旅游服务质量、扶持文化和旅游新业态等方面发挥了重要作用。2009年，文化部、国家旅游局发布的《关于促进文化与旅游结合发展的指导意见》明确了文化和旅游融合发展的意义——"加强文化和旅游的深度结合，有助于推进文化体制改

[①] 白云霞、周志权、刘新亮：《我国旅游标准化现状分析》，《标准科学》2016年第11期。

[②] 《数说文旅这十年｜文化和旅游标准体系不断完善》，2022年10月8日，文旅之声，https://sjfw.mct.gov.cn/site/dataservice/details?id=28171。

革，加快文化产业发展，促进旅游产业转型升级"。① 2009—2011年共出台8项文化和旅游的相关政策；2012—2017年进入稳步增长期，共出台16项相关政策推动文化和旅游的融合发展，提出了高质量发展，如《国家"十二五"时期文化改革发展规划纲要》《国家"十三五"旅游业发展规划》等。2018年后进入快速增长期，共出台44项相关政策，如《关于促进全域旅游发展的指导意见》《"十三五"时期文化旅游提升工程实施方案》《关于进一步激发文化和旅游消费潜力的意见》《"十四五"文化和旅游发展规划》等，涵盖了业态发展、融资扶持、市场管理等众多方面，为文化和旅游的发展提供了良好的政策环境。②

（二）与高质量发展的差距

1. 高质量发展

文化和旅游业的高质量发展包含多个维度的内涵。本研究认为，最为关键的是以下几个方面。一是产业效率维度。旅游业高质量发展应是更高效率的发展，即同样的资源、资本、土地、劳动力等要素投入可带来更高产出。二是综合效益维度。旅游业高质量发展不仅追求经济收益，也要获得文化、社会、生态等方面的收益，实现更绿色、更环保、更包容、更公平的发展。三是区域平衡维度。旅游业高质量发展要求缩小东西部地区之间、城乡之间的差距。不管在旅游经济规模、旅游设施条件，还是在旅游管理水平、旅游服务能力以及当地居民的出游情况等方面，都能实现更加均衡的发展。四是产业生态维度。

---

① 《关于促进文化与旅游结合发展的指导意见》，2009年9月15日，中国政府网，https://www.gov.cn/zwgk/2009-09/15/content_1418269.htm。
② 王克岭、段玲：《文化旅游产业政策量化评价——2009—2021年政策样本的实证》，《华侨大学学报》（哲学社会科学版）2023年第5期。

旅游业高质量发展是要形成衔接良好、运行高效、良性竞争、协同共生的产业链条和产业生态。五是市场主体维度。旅游业高质量发展依赖于多元市场主体的经营能力、管理能力、服务能力和竞争能力的全面提升。六是人民满意维度。旅游业高质量发展要求游客更加满意、旅游舒适度更高，使更广泛的人民群众更深刻地体验到旅游本身的乐趣并开阔视野、提高素养。七是国家软实力维度。旅游业高质量发展意味着入境旅游作为国际文化交流的一种形式，在提升国家形象、传播国家文化、展现国家成就等方面发挥更大作用。

2. 与高质量发展的差距

一是旅游产业整体效率不高，对国民经济的综合贡献度有待增强。全要素生产率可以衡量一个国家和地区的经济增长质量、管理效率及技术进步。旅游全要素生产率是在一段时期内旅游投入变化引起产出效率的变化，综合反映了旅游产业在一段时间内的效率改善与技术进步状况。[1] 邓涛涛等发现，旅游产业依赖可能会对城市全要素生产率增长产生先促进、后抑制、再促进的效应。[2] 宋瑞研究发现，从内部结构来看，旅游要素生产率区域间的发展结构不平衡；对于不同行业而言，星级饭店行业全要素生产率提升以技术进步驱动为主，需要通过提升星级饭店行业经营管理水平实现纯技术效率的提高；旅行社行业全要素生产率提升以技术效率为主，需要推进技术创新，提升技术进步水平；旅游景区行业的全要素生产率表现出负增长，需要进一步推进以内生效率驱动的旅游发展模式转变，实现技

---

[1] 冀雁龙、李金叶：《数字技术与中国旅游全要素生产率——基于非线性与异质性的考量》，《技术经济与管理研究》2022年第11期。
[2] 邓涛涛、刘璧如、马木兰：《旅游产业依赖与全要素生产率增长——基于"资源诅咒"假说的检验》，《旅游科学》2019年第1期。

术效率和技术进步的双向驱动。① 总体来看，中国旅游产业的全要素生产率保持增长态势，但与世界旅游强国仍有差距。2021年，全国旅游及相关产业增加值为45484亿元，占国内生产总值的比重为3.96%，不仅低于诸多世界旅游强国，而且低于亚太地区和新兴经济体的平均值。

二是旅游企业总体效益仍不理想，投融资困境仍然存在。长期以来，中国旅游企业平均净利润和平均净资产收益率一直相对较低。一方面，在文化和旅游领域，中小企业占据较大部分，存在"散小弱差"的现象。相较于其他行业项目，文旅项目存在初始投资规模大、成长周期较长、季节性经营、盈利能力滞后等特征。在传统金融体系中，文旅产业常常处于弱势地位，社会投资机构对文旅项目的兴趣和信任度不足，融资难一直是中国文旅企业普遍面临的困境，创新投融资方式、拓展投融资渠道极为重要。② 另一方面，文化和旅游企业的抗风险能力不足，特别是在面对外部冲击时，更容易遭受威胁、出现风险传染。罗晓黎等基于中国旅游上市公司的研究发现，旅游企业的资产负债率、产权比率、速动比率、净资产收益率、营业收入增长率、经营活动现金流量和地方发展水平等指标是风险传染的关键节点，仍需重点防范环境风险，提升企业的抗风险能力。③

三是文化和旅游产品内容同质化较高，旅游消费和旅游体验质量仍有较大提升空间。当前旅游需求逐渐趋于个性化、体验化发展，不同类型的旅游群体呈现出差异化的需求，催生

---

① 宋瑞：《我国旅游业全要素生产率研究——基于分行业数据的实证分析》，《中国社会科学院研究生院学报》2017年第6期；樊玲玲等：《空间视角下城市旅游全要素生产率的收敛性分析》，《地理与地理信息科学》2022年第2期。

② 宋昌耀、顾嘉倩、张安妮：《政府引导型文化和旅游投资基金运作模式与发展策略》，《价格理论与实践》2023年第2期。

③ 罗晓黎、芦静、闵剑：《基于复杂网络的企业风险传染动态监测研究——以旅游业为例》，《财会通讯》2022年第4期。

出多种不同的细分市场。此外,新冠疫情和社会环境的变化也不断重塑旅游需求,使需求出现新的变化。例如,旅游者健康和经济的风险感知更为敏感,社会心理需求更为强烈,更加关注旅游消费的实用性,更倾向于选择具有社会责任感的企业及其产品。① 然而,旅游供给产品的同质化程度较高,内容创造和价值提供有限,供需错配现象较为突出。具体表现在旅游资源、文化和旅游公共服务、基础设施建设、管理水平、旅游产品内容等方面冷热不均,热门旅游景区拥挤现象严重,旅游体验感下降,而冷门景区吸引力不足,存在资源闲置或者满意度不高的问题。利用好已有资源、抓住真实需求、盘活存量市场,推动文旅产品的升级,是当前需要迫切关注的问题。

四是文化和旅游发展不平衡。区域之间、城乡之间在居民出游率、基础设施、公共服务、产业发育、服务水平等方面存在一定差距,而且某些方面的差距还在持续扩大。一方面,不同地区的资源分布不均,西部地区旅游资源丰富,东部地区资金、技术、人力等要素资源更为充足,导致资源开发基础存在差异;与此同时,一些文化和旅游资源存在显著的跨区域特征,受限于行政管理体系,区域间的文旅项目合作效率不高。另一方面,从主要客源地来看,出游人群多集中于经济发展水平较高的省份和地区。因此,应客观认识到文化和旅游发展的区域差异、城乡差异,建立全国统一的旅游大市场,加强文化和旅游基础设施与公共服务的建设,推动文化和旅游公共服务共建共享,建设旅游便民惠民服务体系,保障游客的旅游权益。

五是中国旅游在国际竞争中仍有较多短板。2008 年以来,中国出境旅游高速增长,入境旅游发展相对缓慢,中国旅游服务贸易存在逆差化现象,且呈现持续扩大之势。张振家的测算

---

① 王瑞婷、宋瑞、胥英伟:《新冠疫情背景下旅游需求新趋势——基于国内外文献综述的发现》,《资源开发与市场》2023 年第 3 期。

发现，2016—2020年，中国旅游服务贸易的国际市场占有率（IMS）在下滑，显性比较优势（RCA）也在弱化，总体的出口竞争力下降。① 旅游服务贸易逆差可能是多重因素综合导致的，如人民币"内贬外升"、中国居民可支配收入提高、出境旅游政策宽松、国内旅游市场产品供给吸引力不足等。② 根据世界经济论坛发布的《全球旅游业竞争力报告》，中国在环境可持续性、旅游商业环境、旅游基础设施、安全防范、旅游健康与卫生、旅游开放度等方面排名靠后，与旅游发展强国仍然有一定的差距。

（三）文化和旅游领域数字化简要历程

工业和信息化部根据信息技术发展程度，将中国数字化转型分为信息化（Information Digitization，1956—2003年）、业务数字化（Business Digitization，2003—2016年）和数字化转型（Digital Transformation，2016年至今）三个阶段。其主要特征分别如下：在信息化阶段，以政府政策引领信息技术促进产业创新发展；在业务数字化阶段，各行业通过信息技术进行业务数字化探索；在数字化转型阶段，各行业以高度发展的信息技术倒逼政府形成完善的数字生态。③ 相较于制造业行业的数字化进程而言，文化和旅游行业的数字化有一定的滞后性，但在技术的推动下，存在一个集中的爆发发展期。具体可大致分为以下三个阶段。

---

① 张振家：《新形势下我国旅游服务贸易出口竞争力研究》，《社会科学家》2023年第1期。
② 田纪鹏：《国内外旅游服务贸易逆差研究前沿与展望》，《旅游学刊》2019年第1期。
③ 陈堂、陈光、陈鹏羽：《中国数字化转型：发展历程、运行机制与展望》，《中国科技论坛》2022年第1期。

1. 奠基起步阶段（1994—2008 年）

中国自 1994 年接入互联网后，信息网络和基础设施的跨越式发展带来信息产业持续快速发展。2002 年发布的《关于振兴软件产业行动纲要的通知》提出，"促进服务业大力采用软件产品和服务。金融、旅游、商贸、社区服务等行业要通过采用软件产品和服务，丰富服务内容、提高服务质量"，[①] 首次关注到旅游服务业中信息化的应用和发展。2005 年，信息产业增加值占国内生产总值的比重达到 7.2%，对经济增长的贡献度达到 16.6%。《2006—2020 年国家信息化发展战略》明确提出，要加快推进中华民族优秀文化作品的数字化。[②] 2008 年，中国网民数量达到 2.53 亿，跃居世界第一位。基于庞大的互联网用户，百度、阿里巴巴、腾讯等互联网企业应运而生，为民众提供信息检索、社交娱乐、在线购物、网络支付等服务。在政策引导下，数字基础设施逐步完善，互联网用户、互联网企业规模不断扩大，从而为中国文化和旅游数字化进程奠定发展基础。

2. 稳步发展阶段（2009—2016 年）

2009 年，国务院发布的《文化产业振兴规划》提出采用数字、网络等高新技术，大力推动文化产业升级，将数字内容产业视为新兴文化业态发展的重点;[③] 同年发布的《关于加快发展旅游业的意见》明确了旅游业是战略性产业的产业地位，将

[①]《国务院办公厅转发国务院信息化工作办公室关于振兴软件产业行动纲要的通知》，2002 年 9 月 18 日，中国政府网，https://www.gov.cn/gongbao/content/2002/content_61787.htm。

[②]《2006—2020 年国家信息化发展战略》，2006 年 3 月 19 日，中国政府网，https://www.gov.cn/gongbao/content/2006/content_315999.htm。

[③]《文化产业振兴规划》，2009 年 9 月 26 日，中国政府网，https://www.gov.cn/jrzg/2009-09-26/content_1427394.htm。

旅游业作为新兴产业和新的经济增长点重点扶持，提出要将数字导览设施等旅游装备制造业纳入国家鼓励类产业目录，建立健全旅游信息服务平台，促进旅游信息资源共享，提升旅游信息化服务水平。① 数字化、网络化技术在文化和旅游领域的应用带来新兴的发展业态，意味着文化和旅游业的信息化也进入了迅速增长阶段。2012 年，国务院发布的《关于大力推进信息化发展和切实保障信息安全的若干意见》对文化和旅游领域的信息化、数字化再次提出要求，要加快推进交通、旅游、休闲娱乐等服务业信息化，鼓励开发具有中国特色和自主知识产权的数字文化产品，壮大数字内容产业。② 2015 年，《关于印发促进智慧城市健康发展的指导意见的通知》提出，要加强数字图书馆、数字档案馆、数字博物馆等公益设施建设，鼓励发展基于移动互联网的旅游服务系统和旅游管理信息平台。③ 2015 年，在中国"旅游＋互联网"大会上，国家智慧旅游公共服务平台12301 正式上线，推动中国旅游业真正进入大数据时代。④ 2016 年，《关于促进旅游装备制造业发展的实施意见》《关于进一步扩大旅游文化体育健康养老教育培训等领域消费的意见》等，从更为具体的领域对文化和旅游的信息化、数字化建设提供规划引领、金融支持、示范建设等多方面的助力。在一系列政策的支持引导下，文化和旅游领域中的信息技术应用越来越广泛。

---

① 《关于加快发展旅游业的意见》，2009 年 12 月 1 日，中国政府网，https://www.gov.cn/gongbao/content/2009/content_1481647.htm。
② 《关于大力推进信息化发展和切实保障信息安全的若干意见》，2012 年 6 月 28 日，中国政府网，https://www.gov.cn/gongbao/content/2012/content_2192395.htm。
③ 《关于促进智慧城市健康发展的指导意见》，2014 年 8 月 27 日，中国政府网，https://www.gov.cn/gongbao/content/2015/content_2806019.htm。
④ 《国家智慧旅游公共服务平台正式启动》，2015 年 9 月 23 日，中国政府网，https://www.gov.cn/xinwen/2015-09/23/content_2937645.htm。

3. 提速增长阶段（2017年后）

"十二五"时期，旅游业成为社会投资热点，其战略性支柱产业的地位基本形成，中国数字文化产业的发展也不断涌现出新业态、新模式。2017年，《关于推动数字文化产业创新发展的指导意见》发出了文化和旅游产业应积极向数字化发展的明确信号；《"十三五"旅游业发展规划》明确指出，要建设智慧旅游公共服务平台、旅游行业监管综合平台、旅游应急指挥体系、旅游信息化标准体系、国家旅游基础数据库五个旅游信息化提升工程。① 信息技术创新能力持续提升，旅游与文化创意产品开发、数字文化产业逐渐融合，催生了"智慧文旅""数字文旅"等概念和实践。2019年，国务院办公厅发布的《关于进一步激发文化和旅游消费潜力的意见》、文化和旅游部等六部门联合印发的《关于促进文化和科技深度融合的指导意见》均再次提出，要提升文化、旅游产品开发和服务设计的数字化水平，具体要以数字化、网络化、智能化为基点，重点突破文化旅游等领域的关键技术，推动文化数字化成果走向网络化、智能化。② 2019年，5G商用正式启动，叠加了人工智能、大数据、区域链等新型现代信息技术的发展，为中国的多个行业市场带来新的活力，进一步加速了文化和旅游的数字化进程。《工业和信息化部 文化和旅游部关于加强5G+智慧旅游协同创新发展的通知》提出"2025年，我国旅游场所5G网络建设基本完善，5G融合应用发展水平显著提升，产业创新能力不断增

---

① 《国务院关于印发"十三五"旅游业发展规划的通知》，2016年12月7日，中国政府网，https://www.gov.cn/gongbao/content/2017/content_5160220.htm。

② 《关于促进文化和科技深度融合的指导意见》，2019年8月13日，中国政府网，https://www.gov.cn/xinwen/2019-08/27/content_5424912.htm。

强,5G+智慧旅游繁荣、规模发展"的总体目标。① 与此同时,"5G+智慧旅游"应用试点项目顺利开展。近年来,文化和旅游领域颁布了多项政策(见附录一)。特别值得一提的是,2023年,文化和旅游部多次组织了与数字化有关的案例评选活动,推荐了一大批相关项目,涉及文旅元宇宙、沉浸式体验新空间建设、云服务在文旅场景的应用推广等多个方面(见附录二),推进了新技术在旅游场景中的广泛应用,为文化和旅游领域的数字化发展提供了可资借鉴的实践样板和操作范例。

(四) 文化和旅游领域数字化发展现状

1. 数字基础设施和数字技术

一方面,数字基础设施和数字技术的发展是中国文化和旅游数字化发展的基础。这体现在以下三个方面。一是网络基础设施适度超前部署。根据国家网信办发布的《数字中国发展报告(2022年)》,截至2022年年底,中国共有231.2万个5G基站,占全球总量的60%多,相较于2020年,5G基站的规模增长了200%,全国110个城市达到千兆城市建设标准(见图3-8)。二是算力基础设施的建设进入提速发展阶段(见图3-9)。2022年年底,中国数据中心机架总规模已超过650万标准机架,2017年以来,每年平均增速超过30%,在用数据中心算力总规模位居世界第二,超算发展水平位于全球第一梯队。三是数字资源的供给能力不断拓宽。2022年中国数据产量达8.1ZB,位居世界第二,相较于2017年增长了252%(见图3-10)。综合来看,数字基础设施的先进性、覆盖度、服务能力等均迅速增

---

① 《工业和信息化部 文化和旅游部关于加强5G+智慧旅游协同创新发展的通知》,2023年4月6日,中国政府网,https://www.gov.cn/zhengce/zhengceku/2023-04/12/content_5751000.htm。

长，为文化和旅游领域数字化提供了良好的发展条件和应用环境。

另一方面，数字技术的创新能力持续提升，在技术层面推动了文化和旅游产业融合的新应用和新业态。近几年在文化和旅游领域应用中，典型的数字相关技术和概念包括人工智能、大数据、云计算、物联网、虚拟现实（VR/AR/MR）、虚拟人等。特别是2018年出台了首个以"虚拟现实"为标题的政策文

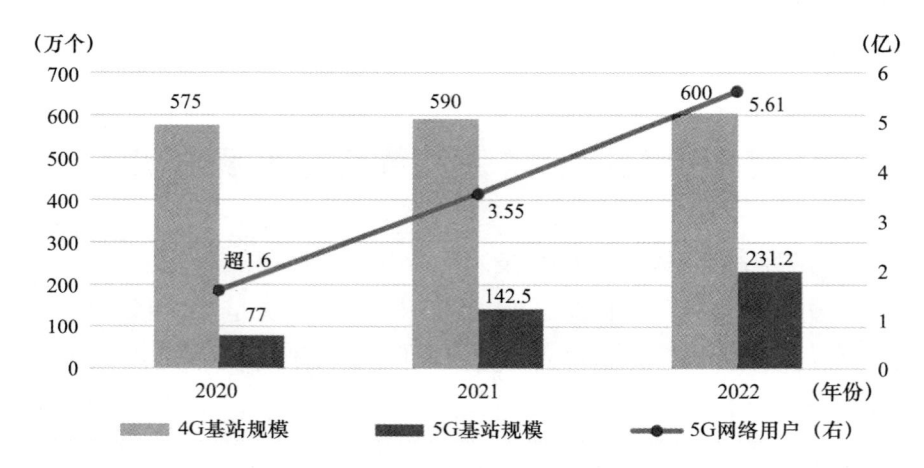

图3-8　2020—2022年中国移动通信基站和5G用户规模情况

资料来源：《数字中国发展报告（2022年）》。

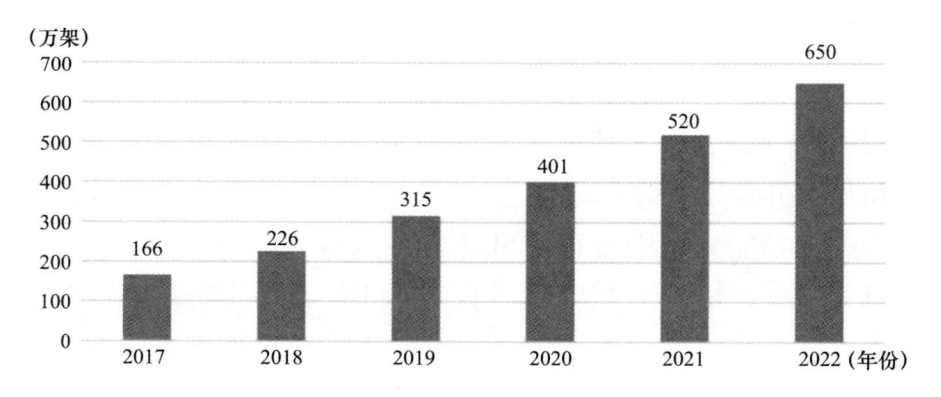

图3-9　2017—2022年中国在用数据中心机架规模

资料来源：《数字中国发展报告（2022年）》。

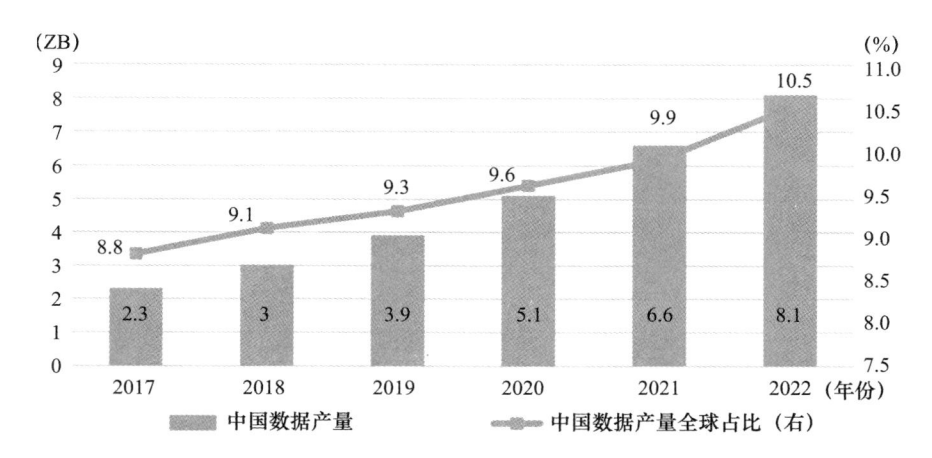

图 3-10 2017—2022 年中国数据产量及全球占比情况

资料来源：《数字中国发展报告（2022年）》。

件《关于加快推进虚拟现实产业发展的指导意见》，以及2022年又发布了《虚拟现实与行业应用融合发展行动计划（2022—2026年）》，说明有关部门对相关数字技术领域发展及行业应用高度重视。根据IDC发布的2022年《全球增强与虚拟现实支出指南》（见图3-11），中国市场五年AR/VR总投资规模的复合增长率预计将达43.8%，增速位列全球第一。[①] 与此同时，文旅产业与数字技术产业的联系与合作也不断加强，数字技术在智慧旅游景区、智慧旅游城市、智慧民宿、数字博物馆、剧院剧场、演艺场所等文化和旅游场景中的应用不断成熟。

2. 用户对数字文旅的偏好

从需求端来看，数字文旅产业拥有广阔的消费市场和用户基础。根据国家网信办发布的《数字中国发展报告（2022年）》，中国的5G用户达5.61亿户，全球占比均超过60%，

---

① 《全球增强与虚拟现实支出指南》，2022年12月11日，IDC，https：//www. idc. com/getdoc. jsp? containerId = prCHC49956922。

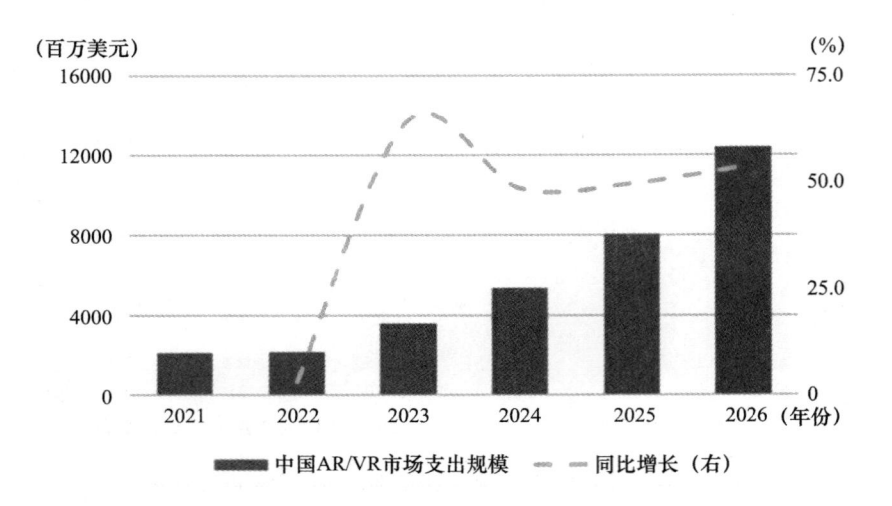

图 3-11　中国 AR/VR 市场支出预测

资料来源：《全球增强与虚拟现实支出指南》。

IPv6 的活跃用户数超 7 亿户，移动网络 IPv6 流量占比近 50%，移动物联网终端用户数达到 18.45 亿户，成为全球主要经济体中首个实现"物超人"的国家。可见，中国文化和旅游数字化具有庞大的潜在用户群体和多元化的传播渠道。

值得关注的是，作为移动数字原生代的 Z 世代人口数量已经占到了世界总人口的 1/3，成为全球社会的主要活跃主体，表现出个性化、多元性、数字化的消费偏好。一方面，利用携程、飞猪等在线旅游平台进行网络购票成为重要选择。截至 2023 年 6 月，根据《全国智慧旅游发展报告（2023）》，中国在线旅行预订用户达 4.54 亿户，占网民整体的 42.1%（见图 3-12），在线旅游市场发展迅速。另一方面，随着直播、短视频等的兴起，用户生成内容成为新内容流量时代影响旅游消费需求的重要因素，用户在微信小程序、抖音、快手、小红书等流量平台分享旅游经历和旅游体验，优质的分享内容吸引更多的浏览热度，引发更多人群的兴趣和参与，最终实现消费的"种草"过程。这一过程通过大数据分析、用户群体画像、个性化推送、关键词检索等技术形成信息社群裂变，实现文化和旅游的内容推广和社区建设。

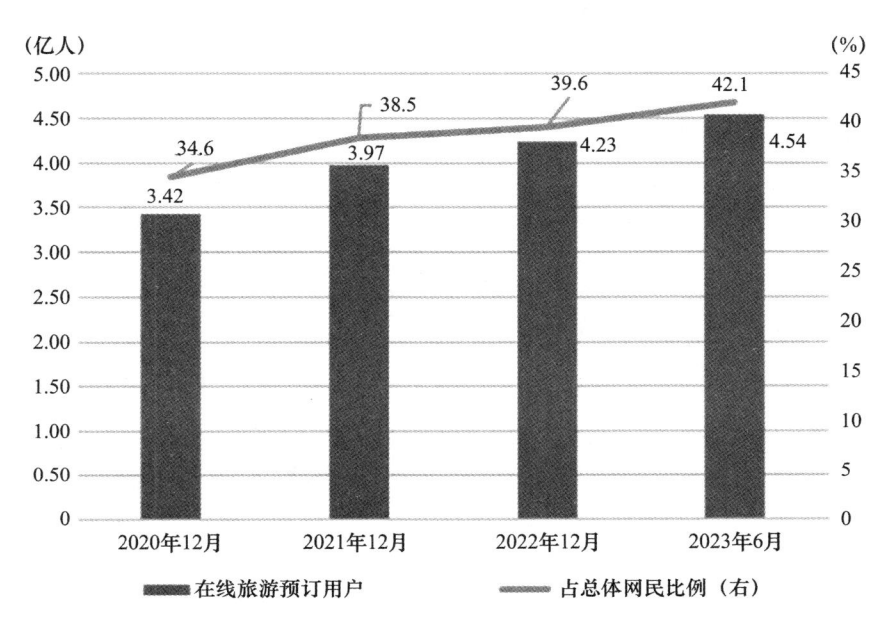

图 3-12　2020 年 12 月至 2023 年 6 月在线旅游预订用户及占比

资料来源：《全国智慧旅游发展报告（2023）》。

3. 文旅企业的数字化转型

其一，文旅企业的数字化转型热度较高。数字化信息技术的迅速发展，为旅游企业带来了巨大的发展机遇。一方面，数字化提升了文旅企业的生产经营效率。数字化技术平台打破了传统信息壁垒，文旅企业可以及时获取游客反馈、提供有效服务，企业的业务和技术的联系更为紧密。另一方面，数字化带来文化和旅游产品供给形式、供给内容的丰富和革新，是文旅企业提高市场竞争力的重要战略选择。光明日报社、文化和旅游部资源开发司指导，光明网主办的"2022 智慧旅游创新企业和项目推选与宣传活动"，收到来自全国 222 个申报主体的申报材料，最后共评选出 10 家"2022 智慧旅游创新企业"、20 个体现最新实践成果项目的智慧旅游创新项目，涵盖以景区服务、数智化产品、信息管理系统、数据平台、支付平台等为主营业务的企业在文化和旅游领域的数字化创新。

其二，中国的数字文旅企业规模迅速扩张。文化和旅游部等十部门发布的《关于深化"互联网+旅游"推动旅游业高质量发展的意见》提出，要在2022年建成一批智慧旅游景区、度假区、村镇和城市，2025年基本实现国家4A级及以上旅游景区、省级及以上旅游度假区的智慧化转型升级的总体目标。① 根据中国旅游研究院发布的《全国智慧旅游发展报告（2023）》，智慧旅游相关的专利总量从2012年的99项增长到2021年的731项。目前，国内智能、智慧酒店及民宿超过15万家，近三年内成立的占比达到48.6%。② 2015—2022年，中国数字文旅企业的数量扩张明显（见图3-13）。据共研网数据，2021年数

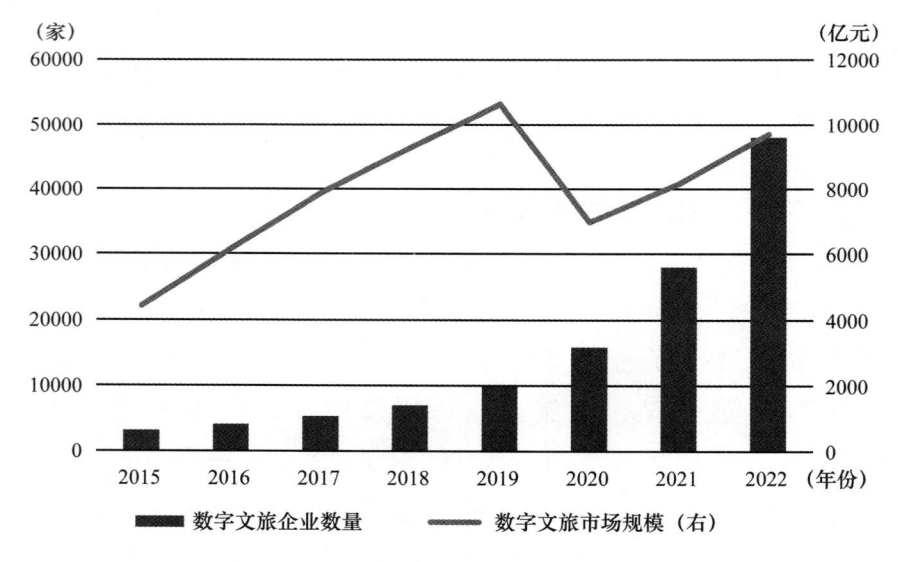

图3-13 2015—2022年中国数字文旅企业数量与市场规模

---

① 《关于深化"互联网+旅游"推动旅游业高质量发展的意见》，2020年11月30日，中国政府网，https://www.gov.cn/xinwen/2020-11/30/content_5566041.htm。
② 《我国在线旅行预订用户规模达4.54亿》，2023年11月24日，环球旅讯，https://www.traveldaily.cn/express/178178。

字文旅相关企业达到28000家。企查查数据显示，2022年、2023年分别新增数字文旅相关企业21774家、44388家，呈现爆发式增长。从数字文旅市场规模来看，2020年受新冠疫情影响有所缩减，但2022年基本恢复到新冠疫情前水平。[①]

4. 数字化催生文旅新业态

互联网、大数据、人工智能、云计算、物联网、5G、区块链等数字技术在文化和旅游产业的应用过程中不断催生出新的业态，沉浸式体验空间、智慧旅游服务和智能化程序、旅游智能装备等蓬勃发展。

一是沉浸式体验空间。人工智能、虚拟现实、交互引擎等技术的应用，使旅游产品的体验性和互动性增强，带来数字文旅产品创新，文博数字展览、沉浸式场景、互动性娱乐设备等不断涌现。2023年8月，文化和旅游部公布了全国24个首批"智慧旅游沉浸式体验新空间"培育试点名单，数字化技术在文博场馆、休闲空间、主题公园、旅游景区、工业遗产、度假区、产业园区等多个空间类型中发挥优势。[②]

二是智慧旅游服务和智能化程序。一方面，通过智能导览、虚拟导游、电子讲解、专属预约、线上排队等，提供更加便捷化的旅游服务。例如，各地推进的"一部手机游##"全域旅游智慧平台，为游客提供全方位的智慧旅游服务。另一方面，依托综合管控、中央结算、数据平台等技术支持，实现旅游景区、文化场馆等空间的可视化综合运营监控。例如，黄山景区引进

---

① 《2022年中国数字文旅产业发展迅猛，市场规模将达9698.1亿元》，2022年8月24日，搜狐网，https://www.sohu.com/a/578894246_121388092。
② 《文化和旅游部关于公布第一批全国智慧旅游沉浸式体验新空间培育试点名单的通知》，2023年8月3日，文化和旅游部网站，https://zwgk.mct.gov.cn/zfxxgkml/zykf/202308/t20230803_946380.html。

"松材线虫自动化分子检测系统"对枯死松树样品进行自动化检测，通过智慧管家系统保护古树名木。①

三是旅游智能装备。旅游装备制造业是旅游产业发展的重要支撑，旅游智能装备在数字化时代下迅速展开。基于 AI 摄像头、VR/AR 终端、可穿戴设备等数字化产品，出现了智能滑雪板、智能头盔、智能 AR 滑雪镜、智能雪鞋、智能服装、沉浸式过山车、无人驾驶游览车、AI 观光车等智能设施设备。这既推动了传统滑雪、主题公园等行业的技术升级，也催生出云旅游、云直播、云看展等新业态。

5. 政策助力数字文旅发展

中国政府高度重视文化和旅游产业的发展，近年来出台了一系列政策和规划（见附录一）。政策文件发布机构涉及国务院办公厅、文化和旅游部、科技部、工业和信息化部、交通运输部、财政部、生态环境部、自然资源部、农业农村部、乡村振兴局、商务部、人力资源和社会保障部、中央宣传部、中央网信办、广电总局等众多部门；政策内容涉及旅游演艺、公共数字文化工程、公共文化服务、旅游服务质量监管、非物质文化遗产保护、乡村振兴、传统工艺传承、村级综合服务、乡村民宿、文化行业标准等众多领域，并涵盖了激发文化和旅游消费、支持中小旅游企业的发展、保障公共文化和旅游服务等多个方面。此外，《关于促进文化和科技深度融合的指导意见》《关于推动数字文化产业高质量发展的意见》《关于深化"互联网＋旅游"推动旅游业高质量发展的意见》等一系列文件为文化和旅游领域的数字化发展提供了指引。

---

① 《黄山风景区依托科技提升古树名木智能化保护水平》，2020 年 9 月 2 日，安徽省科学技术厅网站，http：//kjt.ah.gov.cn/kjzx/jckj/119463661.html。

（五）文化和旅游领域数字化发展不足

1. 内容创造质量不足

文化和旅游领域的数字化过程，在一定程度上提升了内容创造的效率、打破了产业边界，但在内容创造质量等方面仍然存在不足。一方面，数字化相关的概念发展活跃，存在一些盲目跟风的现象。数字文旅项目发展存在一定程度的过热倾向和非理性成分，一些数字化文旅项目过于表面化、形式化，追逐利用数字技术这一概念和噱头，而忽视了文化内容和旅游体验的核心地位。[①] 另一方面，文化和旅游数字化产品同质化现象严重。一些经营者追逐热点的行为导致文旅产品内容雷同、形式单一、缺乏创意，最终影响数字文旅产品吸引力，挤压优质数字文旅产品和服务的空间。[②]

2. 数字化应用不充分

文化和旅游业应用的数字技术来自其他领域的技术创新成果，技术在文化和旅游中的应用仍然存在融合不充分或融合错位等问题。一方面，对于文旅企业而言，财务绩效表现的滞后性限制了数字化的应用，数字资源投入仍然不足。毕金玲和董淑悦的研究发现，与制造业不同的是，数字化转型有助于文旅企业提升市场绩效，但对企业的财务绩效没有显著影响。这主要是由于文旅企业的数字化投资多为信息技术资产，公司的资产总额的增加，再加上会计上摊销成本的增长，最终将带来总资产收益率的下降。因此，数字化转型在财务绩效上的收益反

[①] 戴斌：《数字时代文旅融合新格局的塑造与建构》，《人民论坛》2020年第Z1期。

[②] 周湘鄂：《文化旅游产业的数字化建设》，《社会科学家》2022年第2期。

馈还需要一定的时间。① 另一方面，文旅数字化相关标准尚未完善，不同文旅企业在技术选择和采用上存在较大差异，在技术标准、数据兼容、交换共享等方面存在技术壁垒，容易造成资源浪费，限制数字化的广泛应用。②

3. 数字化程度不平衡

数字化程度的不平衡影响着数字化成果对全民的普惠性。随着互联网和新媒体技术的迅速发展，因年龄、受教育程度、残障、收入、失业、地理位置等因素导致的数字信息的供给、获取和应用能力的不平衡，带来了"数字鸿沟"问题。③ 在中国主要表现为两个方面。一方面是主要由年龄和接受度差异造成的数字"使用鸿沟"。例如，Z世代是互联网的活跃用户，老年群体在互联网的适应方面存在不足，一些老年人的旅游活动会因为景区需要提前线上预约或现场线上购票而受到影响。另一方面主要是由数字发展水平差异造成的数字"接入鸿沟"。例如，城乡之间、区域之间在技术水平发展、数字基础设施建设、数字投入能力等方面存在差异，导致数字化程度不均衡，带来地区旅游信息密度差异，信息密度大的地区更容易吸引旅游者，进而进一步加剧区域不平衡。④

4. 数字安全和伦理存在争议

数字化的发展带来变革与创新的同时，也难免引发新的风

---

① 毕金玲、董淑悦：《数字化转型能助力文旅公司绩效提升吗？》，《旅游学刊》2023年第9期。
② 郭新茹：《数字技术推进文化和旅游深度融合的逻辑机理与创新路径》，《南京社会科学》2023年第11期。
③ 乔向杰、唐晓云、方忠权：《旅游产业数智赋能：战略、治理与伦理》，《旅游学刊》2023年第10期。
④ 杨勇、邬雪：《从数字经济到数字鸿沟：旅游业发展的新逻辑与新问题》，《旅游学刊》2022年第4期。

险和隐患。一方面，一些不法分子利用网络漏洞和监管漏洞牟取私利，违反道德和法律，带来网络攻击、数据泄漏、侵犯隐私等安全威胁，严重干扰正常网络社会环境，破坏市场良性竞争，甚至危害国家安全。一些文化和旅游企业对技术和数据的安全性认识不足，风险研判能力、网络安全防护能力较弱，存在数字安全隐患。① 另一方面，数据使用者利用用户身份信息、使用偏好等数据进行区别性定价、差异化推荐，造成"算法歧视""大数据杀熟""信息茧房"等现象，削弱了用户自主决策的权利，破坏了社会公平。② 国家相关政策法规的完善难以及时跟进技术的更新迭代，容易形成监管漏洞和法律灰色地带，政策的约束效力难以充分发挥。

5. 数字化专业人才缺乏

人才建设是推进行业升级发展的重要基础。随着文化和旅游产业的数字化进程的迅速推进，文旅行业的数字化专业化人才存在较大缺口。中国文化和旅游机构的从业人数不断扩张，但具备数字化专业技术技能同时深度认识文化和旅游行业情况的人才严重缺乏，容易导致文化和旅游项目中业务层面和技术层面的脱节，造成同质性的文旅内容生产或者不充分的数字化技术应用。未来需要重点培育高级数字型技术人才、跨行业的综合性数字化人才，加强对文旅行业人员的数字化培训，培育综合业务和技术层面的复合型应用人才，提升文化和旅游领域的数字化创新能力。

---

① 范周、孙巍：《国家文化数字化战略的发展脉络与路径探索》，《华中师范大学学报》（人文社会科学版）2023年第1期。
② 妥艳媜、秦蓓蓓：《人工智能技术赋能旅游者幸福感的现实困境与实现路径》，《旅游学刊》2023年第6期。

四　学理分析

（一）文献概述：已有研究的脉络与主要发现

1. 数字化赋能高质量发展的机理研究

数字经济，不是数字的经济，是融合经济，其落脚点是实体经济，总要求是经济高质量发展。[①] 数字化赋能传统产业发展的经济学机理，既有研究主要是从数字化的内涵与核心特征出发，通过分析数字化对生产力和生产关系层面的影响来探索数字化赋能传统产业转型升级的理论机理。

总体而言，在生产力层面，数字技术的运用能够产生规模经济、范围经济和长尾效应，发挥信息有效匹配作用；数字化可以通过不断进行技术创新，有效降低交易成本和资源配置成本，提高经济运行效率，并通过规模经济效应扩大影响范围，最终提高生产力水平。[②] 随着数字技术的发展，数字化生产与消费之间形成一种"自激励"机制。借助数字技术优势，数字平台企业能够及时对接市场需求变化，调整生产环节，尽量实现

[①] 肖京、赖家材主编：《数字化赋能高质量发展》，人民出版社2023年版。
[②] 江小涓：《数字时代的技术与文化》，《中国社会科学》2021年第8期；荆文君、孙宝文：《数字经济促进经济高质量发展：一个理论分析框架》，《经济学家》2019年第2期。

供给和需求的精准匹配,① 形成"按需经济"。② 数字技术在生产和消费之间形成的这种"自激励"机制,会极大地提升生产效率,从而构成数字经济的生产力。

在生产关系层面,数字化使各种关系发生重构,促进产业组织和企业管理的变革。在不断催生新的产业、业态和商业模式的同时,数字技术的融合创新与广泛应用也对传统行业、业态和商业模式构成极大冲击。③ 数字技术创新推动产业组织的发展与演化。技术只有在实现商业化以后,才能从研究成果转变为可创造价值的生产工具,其中涉及技术性能的测试与调整、技术漏洞填补、技术工艺改进等诸多环节。围绕技术商业化的过程,产业部门之间逐渐形成在职能上相互协同的产业组织。④ 数字技术的突破发展为传统企业与产业链组织提供了更为广泛的创新空间,满足了新型经济社会形态下产业生态与应用场景的客观需求。数据互联互通下,用户价值主导和替代式竞争成为促使企业进行管理变革的主要力量,产业组织分工边界趋于模糊化,组织结构更加网络化和扁平化,营销模式更加精准化和精细化,生产模式更加模块化和柔性化,产品设计更加版本化和迭代化,研发模式更加开放化和开源化,用工模式更加多元化和弹性化。⑤

此外,还有学者从微观、中观和宏观层面分析了数字化驱动经济高质量发展的内在机理。具体而言:在微观层面,数字

---

① 杨慧玲、张力:《数字经济变革及其矛盾运动》,《当代经济研究》2020年第1期。

② 张皓南、廖萍萍:《共享经济研究动态与述评》,《福建商学院学报》2019年第1期。

③ 裴长洪、倪江飞、李越:《数字经济的政治经济学分析》,《财贸经济》2018年第9期。

④ 戚聿东、肖旭、蔡呈伟:《产业组织的数字化重构》,《北京师范大学学报》(社会科学版)2020年第2期。

⑤ 李春发、李冬冬、周驰:《数字经济驱动制造业转型升级的作用机理——基于产业链视角的分析》,《商业研究》2020年第2期。

技术驱动下的关键要素成本递减与网络效应，不仅有助于企业实现生产的规模经济与范围经济，而且有助于改善配置效率，实现"数量—种类—价格"的多元、动态均衡；在中观层面，数字经济可以通过产业创新效应、产业关联效应和产业融合效应实现产业结构调整和转型升级；在宏观层面，数字经济不仅可以通过丰富要素来源、改善要素配置效率和资源深化效应促进经济增长，而且可以通过技术创新和扩散效应提高全要素生产率，推动经济高质量发展。[1]

2. 数字化赋能高质量发展的路径研究

数字化赋能高质量发展的路径研究是目前学术界的研究重点之一，学者们从不同角度展开研究。张震宇和侯冠宇厘清了数字经济赋能高质量发展的历史逻辑、理论逻辑及其现实路径，分析了数字经济通过生产效率升级与经济结构优化、市场信息智能化与创造数据战略价值、经济模式的数字化革新等方式赋能经济高质量发展的重要作用。[2] 任保平和何厚聪认为，数字经济的发展主要通过提升整个供给体系的质量与提高全要素生产率两方面为高质量发展赋能。以数字经济赋能高质量发展，就是以科技创新为高质量发展提供技术支持体系、以数字经济产业化为高质量发展提供产业支持体系、以新型数字基础设施建设为高质量发展提供基础支撑、以数字治理为高质量发展提供配套政策支持体系。[3] 为了更好地发挥数字经济对经济高质量发展的引领作用，学者建议从政府、企业、技术三个层面做出创新。具体而言：在政府层面，应建立数据中心及构建共享平台、

---

[1] 丁志帆：《数字经济驱动经济高质量发展的机制研究：一个理论分析框架》，《现代经济探讨》2020 年第 1 期。

[2] 张震宇、侯冠宇：《数字经济赋能经济高质量发展：历史逻辑、理论逻辑与现实路径》，《西南金融》2023 年第 11 期。

[3] 任保平、何厚聪：《数字经济赋能高质量发展：理论逻辑、路径选择与政策取向》，《财经科学》2022 年第 4 期。

助推企业数字化改造，培养高端人才及技术技能专业人才，构建数字化治理模式；在企业层面，应不断进行企业智能化改造、推动企业组织再造和文化引领、深化职业道德素养培育；在技术层面，需从夯实基础、加快应用及前沿研究、抢占技术主导权等方面创新路径。① 也有学者指出，数字经济发展通过产业结构升级与流动增效、② 拓宽产品销售渠道、打破信息壁垒等方式提高企业的经营收入，③ 提升企业技术创新能力，优化资源配置效率，有助于促进产业结构转型升级。荆文君等从宏观和微观两个层面构建理论分析框架，认为在宏观层面上，全要素生产率提升、资源配置效率优化以及新的要素投入是数字经济促进经济高质量发展的主要路径；在微观层面上，新兴技术的快速发展能够形成兼具规模经济、范围经济及长尾效应的经济环境。④ 赵涛等指出，数字经济时代信息传播的跨时空性、信息数据的共享性降低了交易成本，在一定程度上解决了要素间供需不匹配的问题，进而促进资源优化配置，提升经济增长质量。⑤ 罗茜等认为，一方面，数字经济通过产业数字化、数字产业化的发展，直接作用于实体经济；另一方面，数字经济通过影响实体产业供需结构，促使产业结构合理化来间接推进实体经济发展。⑥

---

① 史真真：《新基建视域下数字经济赋能高质量发展的路径探究》，《经营与管理》2020 年第 12 期。

② 杨守德、张天义：《数字经济时空分异与都市圈一体化发展研究——基于流通效率和产业结构升级的链式多重中介效应分析》，《云南财经大学学报》2023 年第 4 期。

③ S. Nambisan, "Digital Entrepreneurship: Toward a Digital Technology Perspective of Entrepreneurship", *Entrepreneurship Theory and Practice*, 2017.

④ 荆文君、孙宝文：《数字经济促进经济高质量发展：一个理论分析框架》，《经济学家》2019 年第 2 期。

⑤ 赵涛、张智、梁上坤：《数字经济、创业活跃度与高质量发展——来自中国城市的经验证据》，《管理世界》2020 年第 10 期。

⑥ 罗茜、王军、朱杰：《数字经济发展对实体经济的影响研究》，《当代经济管理》2022 年第 7 期。

3. 数字化与文化和旅游高质量发展研究

从高质量发展理念出发，学界直接探究文化和旅游高质量发展理论机制的研究相对较少，而主要从研究文化高质量发展、旅游高质量发展、文化和旅游融合高质量发展三个方面展开，并通过实证等方法对机制加以验证。

围绕数字化如何赋能文化产业高质量发展，已有学者进行了一定研究。研究者发现，从企业角度而言，数字化转型能够对文化企业的供应链、创新链及营销链进行优化，进而显著提升文化企业的高质量发展水平；[1] 从产业角度而言，数字技术对文化产业结构存在影响，文化消费结构、生产结构、市场结构和国内外比例结构等均已发生显著变化，[2] 数字经济对文化产业高质量发展的促进作用可通过提高知识产权保护力度、促进创新要素流动和降低交易成本、[3] 产业融合发展、[4] 产业结构升级[5]来实现；从宏观角度而言，产业政策对文化产业高质量发展的影响存在区域差异，不同类型产业政策对文化产业高质量发展的影响效果有所不同。[6]

在旅游产业方面，部分学者从高质量发展理念出发，认为旅游高质量发展的核心要求可以归纳为升级产品质量、提高旅游经济效率、优化旅游产业结构、增强旅游可持续性和完

---

[1] 潘爱玲、王雪：《数字化转型如何推动文化企业高质量发展》，《深圳大学学报》（人文社会科学版）2023年第4期。

[2] 江小涓：《数字时代的技术与文化》，《中国社会科学》2021年第8期。

[3] 惠宁、张林玉：《数字经济驱动与文化产业高质量发展》，《北京工业大学学报》（社会科学版）2023年。

[4] 陆建栖、任文龙：《数字经济推动文化产业高质量发展的机制与路径——基于省级面板数据的实证检验》，《南京社会科学》2022年第5期。

[5] 解学芳、臧志彭：《人工智能在文化创意产业的科技创新能力》，《社会科学研究》2019年第1期。

[6] 贺达、任文龙：《产业政策对中国文化产业高质量发展的影响研究》，《江苏社会科学》2019年第1期。

善旅游功能效益五个方面。何红等指出，数字经济主要从旅游产业效率、旅游产业结构升级、旅游产业跨界融合和旅游产业供需匹配四个方面赋能旅游高质量发展。① 郭二艳和马晓华认为，管理效率是数字经济影响区域旅游业高质量发展的重要途径。② 袁惠爱等的研究发现，数字经济不仅能直接作用于旅游业高质量发展，还可以通过降低运行成本、提高技术创新、调整产业结构、提高公共服务水平等途径推动旅游业高质量发展。

文化和旅游密不可分，但在很长一段时间里，中国文化产业和旅游产业的管理是相互独立的。2011年，党的十七届六中全会明确提出，"要推动文化产业与旅游等产业融合发展"；2018年，文化和旅游部组建。2021年，《中华人民共和国国民经济和社会发展第十四个五年规划和2035年远景目标纲要》提出，要推动文化和旅游融合发展，坚持以文塑旅、以旅彰文，打造独具魅力的中华文化旅游体验。《"十四五"文化和旅游发展规划》中将坚持文旅融合发展作为促进文化和旅游事业发展的基本原则。③ 党的二十大报告指出："坚持以文塑旅、以旅彰文，推进文化和旅游深度融合发展。"这既是对中国文旅融合发展经验的高度总结，也为新时代新征程文旅深度融合发展指明了前进方向。总体来看，文化和旅游融合发展已经成为新时代满足人们美好生活需要的重要途径和抓手。④ 而要推动二者的深度融合以及高质量发展，需要通过创造性转化、创新性发展、

---

① 何红、拓守恒：《数字经济驱动旅游产业高质量发展的作用机理与耦合协调关系——基于西北五省的实证》，《统计与决策》2023年第20期。
② 郭二艳、马晓华：《数字经济、管理效率与区域旅游业高质量发展》，《财会通讯》2023年第23期。
③ 丁浩：《长江经济带文化产业与旅游产业发展水平及协调性研究》，《商业经济研究》2023年第21期。
④ 刘英基、韩元军：《要素结构变动、制度环境与旅游经济高质量发展》，《旅游学刊》2020年第3期。

社会化推动、全民参与、政府规划引导。① 在这方面，数字化具有重要的赋能作用。研究证明，数字化对文化和旅游融合高质量发展的影响作用同时体现在需求端和供给端，② 表现为人们对文旅融合产品与服务供给的多样化需求，对更高品质产品和服务的追求。③ 总体来看，数字化赋能文化和旅游高质量发展的根本逻辑是，通过数字化改革实现文化和旅游供给与需求的动态平衡。

（二）内在关系：数字化与文化和旅游高质量发展

数据作为新型生产要素，是数字化、网络化、智能化的基础，已快速融入生产、分配、流通、消费和社会服务管理等各个环节，深刻改变着生产方式、生活方式和社会治理方式。④ 具体来看，数字化对文化和旅游高质量发展的影响体现在三个方面。一是改变生产要素，即通过数字采集、数字确权、数字定价、数字交易等途径实现数据价值化，从而使数据成为与土地、资本、劳动力一样重要的生产要素。二是改变生产力，即通过数字产业化和产业数字化的方式，重塑和提升文化和旅游领域的生产力。三是改变生产关系，即通过建立多主体参与机制、数字技术推动下的治理体系和治理能力现代化、数字化公共服务设施完善与效能提升等，重塑并提升文化和旅游领域的生产关系。生产力是社会发展动力的关键钥匙，生产力决定生产关

---

① 厉新建、宋昌耀、陆文励：《全域旅游重塑地方品质》，《旅游学刊》2020年第2期。

② 戴斌：《数字时代文旅融合新格局的塑造与建构》，《人民论坛》2020年第Z1期。

③ 刘英基等：《数字经济赋能文旅融合高质量发展——机理、渠道与经验证据》，《旅游学刊》2023年第5期。

④ 李广乾：《如何理解数据是新型生产要素》，《中国外资》2022年第24期。

系。新型生产要素的加入、生产力的提升、生产关系的优化，有利于经济高质量发展。

本研究的内在逻辑在于，数字化水平的提高将对文化和旅游高质量发展产生直接或间接影响，两者之间存在耦合协调关系。其学理依据如图 4-1 所示。商品、信息、资金和人力等是社会经济发展的支撑与发展导向，随着商品需求改变、信息流动、资金和人力资源素质的改变，企业创新能力得到培养和提升，进而有利于数字技术的提升和应用。随着数字技术的发展，数字产业化和产业数字化全面发展、数字化治理体系不断完善，技术水平提高、管理效率增强、管理制度不断完善，必然推动产业结构的升级与优化，进而间接促进文化和旅游高质量发展。此外，文化和旅游企业数字化转型，可以直接带动文化和旅游高质量发展。同时，文化和旅游高质量发展为数字经济发展提供物质基础、环境保障，对数字经济平台发展提出更高要求，激励数字经济的发展。数字经济发展与文化和旅游高质量发展相互依赖、相互制约。

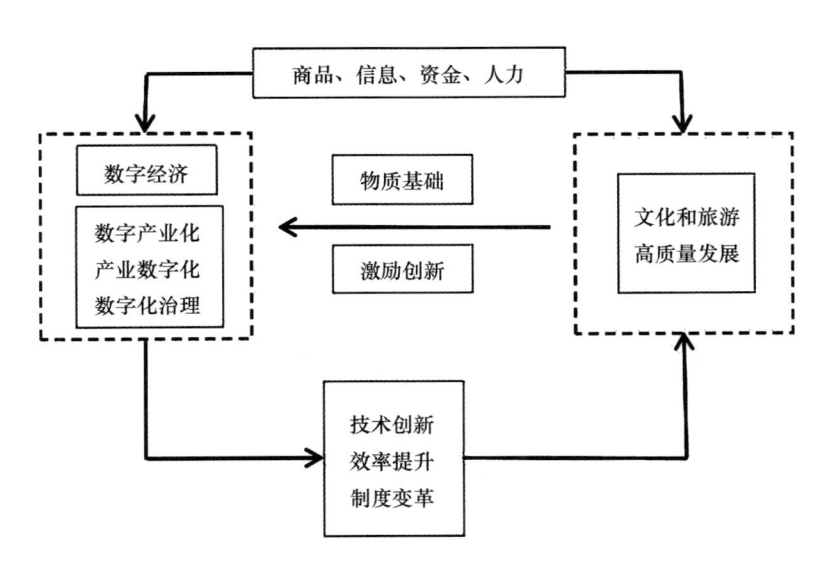

图 4-1　数字化与文化和旅游高质量发展的内在关系

（三）机理分析：数字化对文化和旅游发展的影响

供给和需求是市场经济内在联系的两个基本方面，二者的对立统一关系相互催生新的供给和需求。高质量发展是能够更好满足人民日益增长的美好生活需要的发展，是体现新发展理念的发展，是供给和需求向更高层次提升、在更高水平实现动态平衡的发展。[①] 数字化本质上是利用数字技术对具体业务、场景进行改造的过程。数字技术是一种通用技术，具有较强的扩散性。在供给端，数字技术与其他产业的融合会催生出更多的新产品、新业态和新模式。在消费端，数字技术的普及和发展，为广大消费者提供更多的信息渠道，减少信息的不对称性，提供更多的收入来源和消费渠道，消费方式和消费需求都发生了改变。供给和需求的相互联系、相互制约、相互转化，推动经济向更高水平的动态平衡发展。因此，本研究主要从需求侧和供给侧分别阐述数字化影响文化和旅游高质量发展的逻辑机理。

随着经济社会的发展和科技进步，人们的物质生活水平得到极大提高，消费者需求日益多样化和个性化，文化和旅游消费方式发生改变，对消费产品、享受的服务有更高层次的追求，需要更加高品质的文化和旅游产品供给，对文化和旅游结构化与管理效率也提出更高要求。消费需求是驱动经济增长的动力之一，消费需求的变化刺激文化和旅游供给端的创新改革。数字化对文化和旅游高质量发展供给端的影响以满足日益变化的消费需求为目标，从层次逻辑上包括微观层面的提升经营和管理效率，中观层面的产业融合和转型升级，宏观层面的区域协调发展。具体来看，在微观层面，数字化可提升企业等市场主

---

① 张建刚：《在更高水平供需动态平衡中推进经济高质量发展》，《光明日报》2022年9月5日第6版。

体的经营和管理效率。通过数字化变革，企业可以转变经营模式、利用数字技术进行产品创新和工艺生产、缩短生产流程、提高经营和管理效率；在中观层面，数字化可加快产业融合和转型升级。随着数字化变革的推进，各类数字平台应运而生，数字技术得到广泛应用。数据要素在传统产业之间的循环和流通渠道更加畅通，技术关联更加紧密，产业之间能更有效地对接，加快产业融合升级；在宏观层面，数字化可促进区域协调发展。随着数字技术的广泛应用，清除了数据和信息要素区域之间的空间限制，实现区域间信息共享，减少了信息不对称，增强了资本和劳动力要素在区域间的流动，促进区域协调发展。同时，基于数字技术的数据共享，能够提升政府治理水平，高质量数据资源得以实现高效共享和有序开发利用，提高政府公共服务水平，推动政府制度改革。

（四）传导路径：数字化对文化和旅游高质量发展的促进

根据索洛增长模型的内容，推动经济发展主要有三条路径：一是增加要素投入或者调整要素比重；二是提高资源配置效率，包括改进生产函数和增强范围经济；三是提高生产效率，包括技术进步和商业模式创新。[①] 数据作为一种新的生产要素，不同于传统的土地、劳动、资本等，它是数字化、网络化、智能化的基础，以快速融入生产、分配、流通、消费和社会服务管理等各环节，构成了新时代的新生产力，深刻改变着人们的生产生活。此外，数字化对文化和旅游高质量发展的影响，还体现在对消费者需求、产业发展制度环境的影响上。基于此，本研究主要从数字化的消费需求效应、技术创新效应、资源配置效

---

① 荆文君、孙宝文：《数字经济促进经济高质量发展：一个理论分析框架》，《经济学家》2019年第2期。

应和制度变革效应四个方面，分析其对文化和旅游高质量发展的影响。

第一，消费需求效应。一方面，数字化改变了消费方式，提高了消费需求。数字技术通过降低信息不对称性、拓宽居民消费渠道、创新消费模式，居民更注重消费体验和消费的便利化，从需求端对文化和旅游高质量发展产生影响。随着数字技术在文化和旅游产业的普遍应用，涌现出一批文化和旅游新业态。各地陆续推出了一站式旅游线上服务App，实现旅游攻略、预订旅行社、酒店、景区门票等一站式解决，也实现了消费者游前预体验和消费便利化。数字展览、网上直播等线上服务，让景区可玩性、基础设施完善程度、旅游线路合理度、旅游便利度均可预知。在此推动下，消费需求得到充分满足。另一方面，数字化实现了游客服务多元化，刺激了游客消费需求。数字化催生出更多的文化和旅游新产品和新业态，能够更好地满足消费者的需求和偏好。例如，利用VR、AR等技术为游客提供沉浸式体验，增加了消费新场景，可吸引更多的消费者前来体验。

第二，技术创新效应。以数字科技为代表的科技创新已成为重组全球要素资源、改变全球竞争格局的关键力量，也是加速产业变革、赋能文化和旅游高质量发展的核心驱动。首先，数字化通过激励研发创新，提升文化和旅游企业管理效率、产品和服务质量，从供给端推动文化和旅游产业向高级化方向升级。无论是文物的数字化保护还是"数字博物馆"的建设，都使得文物数字化保护和大众化交互展示成为可能，让数字文化资源更加惠及大众。其次，数字化水平提升，派生出更高品质、更高性价比的文化和旅游消费产品及服务，促使产业结构发生改变，加快产业融合升级。随着消费升级，人们出游不再是单纯观光游，更加注重文化、创意和科技应用的享受，休闲旅游成为更多人的选择。逐渐升级的消费需求，要求文化和旅游企业不断顺应大众旅游多样化、个性化的消费需求，进行生产方式、服务方式和管理模式创新，创新旅游消费新场景，提升消费新体验，更好地满足消费需求，促进文化和旅游高质量发展。最后，数字化改革提升了公共服务效能。公共服务是影响文化和旅游体验的一项重要因素，提升公共服务质量，旅游者幸福感将显著增强。把数字技术广泛应用于公共服务中，有助于推进公共服务标准化、规范化、便利化，持续提升公共服务效率和质量。

第三，资源配置效应。各类主体的数字化改革优化了资源配置，提升了资源配置效率。数字要素较之其他传统生产要素更为活跃，且兼具非排他性和非稀缺性，它被引入生产函数中，将提高资源配置效率和拓展生产可能性边界，驱动产业结构合理化。一方面，数字化平台建设为供需双方联系搭建了桥梁。以互联网为基础，云计算、大数据等新一代数字技术为支撑的数字化平台，有助于帮助文化和旅游各市场主体实现精准对接，提高管理水平、优化效率、降低成本。通过数字化平台实现文化和旅游大数据的整合、汇总、分类，将公共数据和商业数据平台化，为文化和旅游供需双方建立交流渠道，更好地实现文化和旅游大数据的价值。另一方面，数字化为文化和旅游精准营销提供了可能。数字技术可通过大数据等了解用户偏好和消费习惯，根据用户性别、年龄、偏好等构建用户个人消费兴趣点，并通过微信小程序、App等为用户精准推送景区、酒店、旅行社等服务消息，提升消费者消费体验的同时，有助于实现酒店、旅行社的合理化配置。

第四，制度变革效应。数字化水平提升，引致各种制度变革需求，包括新型生产要素价格变化所引起的制度变革需求、技术创新所引起的制度变革需求以及市场规模变化所引起的制度变革需求，更为适宜的产业政策与社会制度为文化和旅游产业高质量发展提供了良好的制度环境。数字化对文化和旅游产业制度的影响主要表现在两方面。一方面是推动文化和旅游产业公共服务改革，通过数字化平台完善公共服务方式，为消费者文化和旅游体验提供便利。另一方面是以数字技术为支撑，汇集文化和旅游实时数据，运用大数据推进文旅行业精准监管，推动文化和旅游安全监管与服务质量检测，推动安全治理现代化。

需要特别说明的是，在学理分析的基础上，本书还将根据统计数据进行实证研究，用计量经济学方法具体检验数字化对文化和旅游高质量发展的实际影响。遗憾的是，目前文化和旅游尚未建立起统一的统计体系，从数据可得性、分析科学性的角度而言，无法建立一个统一的实证框架或统一的指标体系来综合反映文化和旅游的整体情况。因此，实证研究分别就数字化对文化、旅游以及文旅融合的影响进行计量分析。

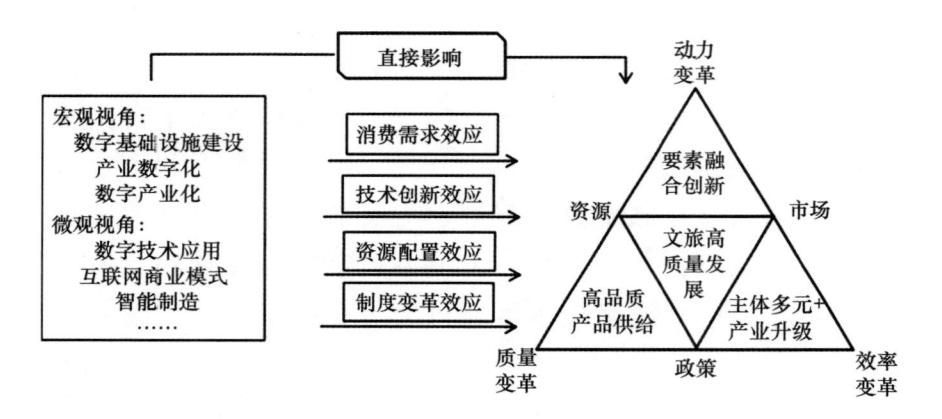

图4-2 数字化对文化和旅游高质量发展的影响路径

五　实证研究

为了进一步验证数字化对文化和旅游高质量发展的具体影响和传导机制，本部分在理论研究的基础上，从数字化对文化高质量发展的影响、数字化对旅游高质量发展的影响以及数字化赋能文化和旅游融合三个方面展开实证研究。

（一）模型构建与数据说明

1. 模型构建

本研究构建基准回归模型如下：

$$\ln Y_{it} = \alpha_0 + \alpha_1 \ln dig_{it} + \theta X_{it} + \mu_i + \delta_t + \epsilon_{it} \quad (5-1)$$

式（5-1）中，$\ln Y_{it}$表示地区i在t时期的文化、旅游高质量发展水平或者文化和旅游融合发展水平，$\ln dig_{it}$表示地区i在t时期的数字化水平，X_{it}表示地区i在t时期一系列控制变量水平，α_0表示截距项，α_1表示数字经济化对被解释变量的影响系数，θ表示控制变量对被解释变量的影响系数，μ_i为个体固定效应，δ_t为时间固定效应，ϵ_{it}为随机误差项。

为了探讨数字化对文化、旅游高质量发展或者文化和旅游融合发展的作用机制，结合经典中介效应模型，在式（5-1）的基础上增加了式（5-2）和式（5-3）两个回归方程，并采用逐步回归法分别考察消费需求、技术创新和资源配置是否具有中介作用。具体回归方程如下：

$$\ln med_{it} = \gamma_0 + \gamma_1 \ln dig_{it} + \gamma X_{it} + \mu_i + \delta_t + \in_{it} \quad (5-2)$$

$$\ln Y_{it} = \varphi_0 + \varphi_1 \ln dig_{it} + \varphi_2 \ln med_{it} + \varphi X_{it} + \mu_i + \delta_t + \in_{it} \quad (5-3)$$

式（5-2）和式（5-3）中 $\ln med_{it}$ 为中介变量，代表消费需求、技术创新和资源配置。根据中介效应逐步回归检验方法，首先对式（5-1）进行回归，检验数字化是否对被解释变量存在影响，若 α_1 显著为正，则表明数字化对促进文化产业高质量发展、旅游产业高质量发展或者文化和旅游融合发展具有积极影响；其次按照式（5-2）检验数字化与中介变量之间的关系，若 γ_1 显著为正，则表明数字化与中介变量之间呈正相关关系；最后按照式（5-3）将数字化和中介变量同时放入方程中进行回归估计，若 φ_1 大于 γ_1，且显著为正，则表明中介变量的传导作用存在。

2. 变量测度与说明

（1）被解释变量

文化高质量发展（cou）。在以往研究中，学者对文化高质量发展的测算主要有两种方式。一种是综合评价法，即从高质量发展的内涵出发，从产业的不同维度进行论证。例如，魏和清等将文化产业高质量发展的内涵与创新、协调、绿色、开放、共享的新发展理念作为衡量文化产业高质量发展的维度。[1] 宁楠等从创新、协调、开放、共享四个维度构建文化产业高质量发展评价指标体系。[2] 袁渊等构建了包含产业效率、文化创新、协调发展、发展环境和对外开放五个维度的文化产业高质量发展

---

[1] 魏和清、周庆岸、李颖：《文化产业高质量发展水平测度与障碍因素分析》，《统计与决策》2022年第13期。

[2] 宁楠、惠宁：《数字经济与文化产业高质量发展——基于新发展理念视角的分析》，《统计与决策》2023年第18期。

指标体系。① 惠宁认为文化高质量发展重点反映在价值链攀升、技术链创新、企业链稳定和空间链优化四个方面。② 另一种是单一指标法。部分学者分别利用文化产业增加值、③ 文化产业固定资产投资和文化消费、④ 全要素生产率⑤对文化高质量发展进行了实证研究。考虑到综合评价方法可能存在结论的非一致性和指标针对性不强等问题，本研究采用单一指标法对文化高质量发展进行测算。文化产业增加值能够很好地反映文化产业的发展情况，是一个比较理想的指标，只是中国公布的文化产业增加值数据连续性较差，尤其省域数据缺失较严重。⑥ 因此，本研究借鉴旅游产业研究中的做法，利用营业收入作为经济增长的代理变量。具体的，采用人均文化及相关企业营业收入来反映文化产业发展，其中文化及相关产业营业收入构成为规模以上文化制造业营业收入、限额以上文化批发和零售业营业收入、规模以上文化服务业营业收入。人均文化及相关企业营业收入一方面能够反映文化产业规模的增长，另一方面还具有社会公平和平等的含义。

旅游高质量发展（lnte）。已有研究中对旅游经济增长的测度主要采用以下三种方法：一是人均旅游收入，如刘震等；⑦ 二

---

① 袁渊、于凡：《文化产业高质量发展水平测度与评价》，《统计与决策》2020年第21期。

② 惠宁、张林玉：《数字经济驱动与文化产业高质量发展》，《北京工业大学学报》（社会科学版）2024年第2期。

③ 周宇、林翔、田雪枫：《转型与赋能："十四五"时期文化产业高质量发展路径研究——以湖北省为例》，《学习与实践》2021年第8期。

④ 孙红旭、周圆：《文化产业发展对经济增长全要素生产率的影响研究》，《文化产业研究》2020年第1期。

⑤ 傅才武、张伟锋：《公共图书馆行业全要素生产率研究——基于省域面板数据的DEA-Malmquist模型分析》，《华中师范大学学报》（人文社会科学版）2018年第3期。

⑥ 孙红旭、周圆：《文化产业发展对经济增长全要素生产率的影响研究》，《文化产业研究》2020年第1期。

⑦ 刘震、杨勇、眭霞芸：《互联网发展、市场活力激发与旅游经济增长——基于空间溢出视角的分析》，《旅游科学》2022年第2期。

是旅游专业化水平，如 R. Croes 等；[①] 三是旅游收入增长率。[②]考虑到数据的可获得性和连续性，本研究采用其中应用最广的人均旅游收入来测度旅游经济增长，其中旅游收入包括国内旅游收入和入境旅游收入，采用旅游专业化水平即旅游总收入与 GDP 的比值进行稳定性检验。

文化和旅游融合发展（$inte$）。以往对文化和旅游融合发展的测算多从文化产业发展和旅游产业发展两个方面构建文化旅游产业融合发展综合评价指标体系。本部分借鉴王笑天的研究，[③] 从文化产业和旅游产业的资源及产出两个细分维度构建文旅融合发展评价指标体系（见表 5-2）。在评价体系的基础上，本研究利用耦合协调模型计算出文化旅游产业耦合协调度指数，反映不同地区文化和旅游产业耦合和协调发展程度，用于后续测算数字化对文化和旅游融合发展的影响程度。

(2) 解释变量

数字化水平（dig）。本部分借鉴赵涛等的研究成果，[④] 从互联网发展和数字普惠金融两个方面构建数字经济综合发展指数。其中，互联网发展由互联网普及率、互联网相关从业人员、互联网相关产出和移动互联网用户数构成；数字普惠金融采用北京大学数字金融研究中心发布的"数字普惠金融指数"，并采用熵值法计算了各地区数字化发展水平综合得分用于后续计算。

[①] R. Croes et al., "Tourism Specialization, Economic Growth, Human Development and Transition Economies: The Case of Poland", *Tourism Management*, No. 82, 2021；冀雁龙、李金叶、赵华：《数字化基础设施建设与旅游经济增长——基于中介效应与调节效应的机制检验》，《经济问题》2022 年第 7 期。

[②] 崔丹、李沅曦、吴殿廷：《京津冀地区旅游经济增长的时空演化及影响因素》，《地理学报》2022 年第 6 期。

[③] 王笑天：《文化旅游产业融合发展的时空格局与影响因素分析》，《统计与决策》2022 年第 21 期。

[④] 赵涛、张智、梁上坤：《数字经济、创业活跃度与高质量发展——来自中国城市的经验证据》，《管理世界》2020 年第 10 期。

表 5-1 数字化指标体系构成

目标层	一级指标	二级指标	计算公式
数字化综合发展指数	互联网发展	互联网普及率	每百人互联网用户数
		互联网相关从业人员数	计算机服务和软件从业人员占比
		互联网相关产出	人均电信业务总量
		移动互联网用户数	每百人移动电话用户数
	数字金融普惠	数字金融普惠发展	中国数字普惠金融指数

表 5-2 文化和旅游融合发展评价指标体系

一级指标	二级指标	三级指标
文化产业发展	文化资源	国家重点文物保护单位数量
		国家级非物质文化遗产单位数量
		博物馆数量
		艺术馆数量
	文化产出	文化事业费用
		文化从业人员数量
		人均图书藏量
旅游产业发展	旅游资源	景区数量
		星级酒店数量
		旅行社数量
		旅游院校学生数量
	旅游产出	旅游业收入
		从业人员数量
		入境游客人均花费
		入境游客数量

（3）中介变量

消费需求（con）。本研究利用人均消费支出与居民可支配收入的比重来反映文化消费需求的变化。

技术创新（$tech$）。以往对技术创新的测算主要是利用专利授权量和科技信息水平来测度技术创新水平。考虑到科技信息水平与数字化指标有一定重叠，且地区创新产出主要以专利和非专利的形式来体现。①因此，本研究采用专利数据来衡量技术创新，并用人均专利授权量作为技术创新的代理变量，其中专利授权量包括发明专利授权量、实用新型专利授权量和外观设计专利授权量。

要素配置扭曲程度（arr）。要素配置效率可以通过要素市场扭曲程度来反映，要素市场扭曲程度越高表明要素配置效率越低。本研究借鉴林伯强等的做法，采用各地区要素市场发育得分与样本中最高要素市场发育得分之间的相对差距来衡量要素市场扭曲程度。其中，要素市场发育得分来自《中国分省市场化指数报告（2022）》。

（4）控制变量

影响文化高质量发展的因素很多，基于现有文献，本研究引入以下几个控制变量：（1）地区经济发展水平（$\ln gdp$），采用地区人均 GDP 表示；（2）对外开放程度（$open$），采用地区进出口贸易总额占 GDP 的比重衡量；（3）交通网络密度（$\ln tra$），采用公路里程、铁路里程和内河航运里程数总和与地区生产总值之比衡量；（4）人力资本（$\ln hum$），采用平均受教育年限表示。

3. 数据来源及描述性统计

根据数据可获得性、连续性等要求，本研究选取 2012—2019 年中国 31 个省份（不包括中国香港、澳门、台湾地区）的数据展开研究。研究数据主要来自《中国统计年鉴》《中国文化及相关产业统计年鉴》《中国文化和旅游统计年鉴》以及各省份

---

① 叶阿忠、陈丛波：《多维度邻近下 ICT 对知识溢出影响的实证研究》，中国数量经济学会 2019 年年会，2019 年。

的国民经济和社会发展统计公报等，部分缺失数据采用线性插值法进行补充。主要指标描述性统计结果如表5-3所示。

表5-3　　　　　　　　各变量的描述性统计结果

变量	观测数	平均值	标准差	最小值	最大值
文化高质量发展（cou）	248	7.7954	1.3573	4.6044	11.0077
旅游高质量发展（lnte）	248	8.9310	0.6771	6.9576	10.4733
文化和旅游融合发展（inte）	248	0.4806	0.1163	0.2170	0.7120
数字化水平（dig）	248	0.2322	0.1807	0.0310	1
消费需求（con）	248	9.6592	0.3647	8.7000	10.7000
技术创新（tech）	248	0.0011	0.0012	0.0001	0.0061
要素配置扭曲程度（arr）	248	29.9106	19.3190	0	101.4625
地区经济发展水平（lngdp）	248	10.8367	0.4232	9.8927	12.0076
人力资本（lnhum）	248	2.1962	0.1391	1.4403	2.5480
交通网络密度（lntra）	248	-0.2722	0.8953	-2.9283	1.0356
对外开放程度（open）	248	0.2660	0.2798	0.0127	1.3541

（二）实证分析与相关结果

实证研究1：数字化对文化高质量发展的影响

（1）数字化赋能效应检验

本研究运用基准回归模型，在不考虑内生性等一系列问题的前提下，对数字化赋能文化高质量发展的影响效应进行了实证检验，结果如表5-4所示。结果可见，未加入控制变量和加入控制变量，数字化对文化高质量发展的影响系数均显著为正，且通过了1%的显著性水平检验。这表明数字化对文化高质量发展具有正向赋能效应，数字化水平提升能够促进文化高质量发展，现阶段中国文化陆续进行的企业数字化转型，能够促进中国文化产业高质量发展。

从控制变量结果来看，地区人均GDP在1%的显著水平上显著为正,表明地区经济水平的提高有利于文化高质量发展;人力资本统计系数在1%显著水平下显著为正,表明人力资本水平的提高会有效推动文化高质量发展,可能是受教育水平越高,对知识和技术的运用会更熟练,有利于提升劳动者的创新能力,促进文化产业转型升级;交通网络密度统计系数显著为正,表明交通网络密度增加,有利于文化高质量发展,这是由于交通网络密度增大,劳动力、资本等生产要素流动加速,优化资源配置,文化及相关产业生产效率提高,推动文化产业高质量发展;对外开放程度统计系数在1%显著水平上为正,表明对外开放程度越高,越有利于文化产业高质量发展。

表5-4 数字化对文化高质量发展的影响检验

变量	(1)	(2)
数字化水平（dig）	5.2189*** (15.16)	0.8320*** (2.00)
地区经济发展水平（$\ln gdp$）		1.4221*** (10.29)
人力资本（$\ln hum$）		1.3698*** (3.60)
交通网络密度（$\ln tra$）		0.7044*** (13.42)
对外开放程度（$open$）		0.9980*** (4.02)
常数项	6.5834*** (65.02)	-4.8748** (-3.29)
R^2	0.4829	0.7716
F值	229.75	205.27

（2）地区异质性

为深入分析数字化赋能文化产业高质量发展的地区差异性,

根据《中共中央、国务院关于促进中部地区崛起的若干意见》《国务院发布关于西部大开发若干政策措施的实施意见》等政策文件,现将中国的经济区域划分为东部地区(北京、天津、河北、辽宁、上海、江苏、浙江、福建、山东、广东和海南)、中部地区(山西、吉林、黑龙江、安徽、江西、河南、湖北和湖南)、西部地区(内蒙古、广西、重庆、四川、贵州、云南、陕西、甘肃、青海、宁夏、新疆和西藏)三大地区。[①] 分别对三大地区数字化赋能文化产业高质量发展的影响效应进行了回归,回归结果见表5-5。

表5-5　　　　数字化赋能文化产业高质量发展影响效应的分区域回归结果

变量	东部地区	中部地区	西部地区
	文化高质量发展	文化高质量发展	文化高质量发展
数字化水平（dig）	2.2196*** (7.54)	-9.9245*** (-5.16)	0.5863 (0.41)
地区经济发展水平（lngdp）	1.5592*** (9.87)	2.8645*** (6.74)	1.0070*** (3.53)
人力资本（lnhum）	3.7278*** (6.57)	9.6748*** (3.33)	0.2480 (0.50)
交通网络密度（lntra）	1.0442*** (9.18)	0.0963 (0.20)	0.4297*** (5.68)
对外开放程度（open）	0.5569*** (2.84)	-1.2994 (-0.47)	1.5876*** (1.86)
常数项	-1.4595 (-0.85)	0.0289 (0.01)	-4.1895 (-1.52)
R^2	0.9484	0.7612	0.5433
F值	360.51	26.78	21.41

---

① 刘英基等:《数字经济赋能文旅融合高质量发展——机理、渠道与经验证据》,《旅游学刊》2023年第5期。

数字化对文化产业高质量发展的回归系数在东部地区显著为正，中部地区显著为负，西部地区的回归系数为正，但不显著。这说明，东部地区数字化对文化高质量发展具有正向赋能作用，中部地区具有负向赋能效应。究其原因，东部地区经济发展水平较高，数字基础设施相对完善，文化企业数字化转型相对早于中部和西部地区，数字化已经开始发挥创新驱动的作用，对文化产业高质量发展具有正向影响。西部地区经济水平相对较低，数字基础设施较为落后，但具有丰富的文化资源，企业数字化转型的收益还没有完全发挥。因此，数字化对文化产业高质量发展的影响为正，但不显著。对于中部地区，文化产业发展优势相对较差，产业资本规模和社会效益等表现较差，[①] 人才供给不足等原因，造成虽然具有相对完善的基础设施，但无法发挥优势，最终呈现数字化对文化高质量发展的负向赋能作用。

（3）传导机制分析

中介效应的识别机制主要分三个步骤。首先，进行数字化对文化高质量发展的基本回归分析，结果如表 5-4 所示。其次，在其他条件不变的条件下，进行中介变量对文化高质量发展的基本回归分析，如数字化系数显著，则表明存在中介作用，反之不存在中介效应。最后，在其他条件不变的情况下，同时将数字化和中介变量放入回归模型，对文化高质量发展进行回归分析，并根据数字化和中介变量系数的显著性来判断中介变量的性质。

①消费需求效应检验

数字化对文化高质量发展影响的消费需求效应检验结果如表 5-6 模型（3）所示，结果显示数字化对消费需求的估计系

---

① 《中国文化产业高质量发展指数（2022）》，2022 年 12 月 31 日，搜狐网，https://www.sohu.com/a/623374282_152615。

数显著为正，表明数字化对消费需求有正向影响。消费需求与数字化同时加入模型后，数字化估计系数为正但不显著，说明消费需求是数字化影响文化高质量发展的完全中介作用。这意味着，社会数字化水平的不断提高，对居民消费需求、消费方式等产生了不同程度的影响，居民消费支出在可支配收入中所占的比例不断增大，间接促进了文化高质量发展。这一结果与前文预期一致，数字化可以通过消费需求促进文化高质量发展。

②技术创新效应检验

表5-6模型（5）中，数字化对技术创新的回归系数显著为正，表明数字化水平提升具有驱动技术创新的作用。模型（6）的回归结果显示，技术创新对文化高质量发展的回归系数不显著，技术创新对文化高质量发展回归系数显著为正。根据中介效应判断标准，数字化可以通过技术创新这一渠道促进文化高质量发展。也就是说，随着数字化水平的提高，数字技术作为一种通用技术不断与文化产业等各类实体经济相融合，一方面提高了企业的技术水平和生产效率；另一方面文化企业利用数字技术增加了表现形式和应用场景，促进文化高质量发展。总之，技术创新是数字化影响文化高质量发展的有效路径，其发挥了部分中介作用。

③资源配置效应检验

表5-6模型（7）列出了数字化对要素配置扭曲程度的回归结果，可见数字化与要素扭曲程度之间呈显著正相关，表明样本期内数字化水平提升加重了要素配置扭曲程度。模型（8）的结果显示，数字化和要素配置扭曲程度同时加入模型后，要素配置扭曲程度显著为负，数字化回归系数显著为正，且明显大于表5-4模型（2）中的数字化回归系数，根据要素配置扭曲程度对数字化赋能文化高质量发展具有遮掩效应。[1] 模型

---

[1] 温忠麟等：《中介效应检验程序及其应用》，《心理学报》2004年第5期。

(7) 和模型 (8) 的回归结果显示，数字化虽然与要素配置扭曲程度呈正相关，但要素配置扭曲程度的减少会促进文化高质量发展。因此，要素资源配置扭曲程度在数字化对文化高质量发展的影响中具有遮掩效应，即要素资源配置扭曲程度一定程度上减弱了数字化对文化高质量发展的直接影响，遮掩了数字化对文化高质量发展的赋能作用。数字化水平的提高没有减轻要素配置扭曲程度，究其原因可能是随着数字技术的广泛应用，信息不对称减少，资源要素加速流动，资源配置效率提高的同时，也可能造成资源要素向某一位置集聚的情况，短时内达不到优化资源配置的效果。但是，数字化和要素配置效率同时作用会起到促进文化高质量发展的作用。

表 5-6　　数字化对文化高质量发展的中介效应检验

变量	(3) 消费需求	(4) 文化高质量发展	(5) 技术创新	(6) 文化高质量发展	(7) 要素配置扭曲程度	(8) 文化高质量发展
数字化水平 (dig)	0.2734*** (2.88)	0.6461 (1.54)	0.0034*** (7.96)	0.0795 (0.17)	32.1273*** (5.7)	0.1343 (0.27)
消费需求 (con)		0.6798** (2.44)				
技术创新 ($tech$)				218.6713*** (3.62)		
要素配置扭曲程度 (arr)						-0.0052*** (-4.21)
R^2	0.8775	0.8340	0.7780	0.8381	0.8462	0.8277

实证研究 2：数字化对旅游高质量发展的影响

(1) 数字化赋能效应检验

数字经济对旅游高质量发展的基准回归结果如表 5-7 所示。模型 (1) 和模型 (2) 的估计结果显示，在不加入和加入控制变量的情况下,数字经济的估计系数均显著为正,表明数字经济对旅游高质量发展具有显著正向效应,本研究假设1得到证实。值得注意的是,控制变量中,人力资本的回顾系数显著为负,说明现阶段中国人力资本质量与旅游经济发展存在一定的不适配现象。对外贸易开放程度回归系数为负,但不显著,一定程度上表明,当前发展阶段要促进中国旅游高质量发展,应当以国内大循环为主体,国内国际双循环相互促进,注重旅游消费者的国内需求,提高旅游产品质量,完善国内服务体系。

表 5-7　　数字经济对旅游高质量发展的基准回归结果

变量	模型（1）	模型（2）
数字化水平（dig）	8.4520*** (18.81)	6.7320*** (10.02)
地区经济发展水平（$lngdp$）		0.4965*** (4.37)
人力资本（$lnhum$）		-1.1231*** (-4.29)
交通网络密度（$lntra$）		0.1603*** (4.52)
对外开放程度（$open$）		-0.1920 (-1.63)
常数项	3.9407*** (14.78)	2.1566** (2.21)
R^2	0.5608	0.6253
F 值	353.72	91.12

(2) 稳健性检验

为了确保实证检验的可靠性和有效性,本研究从以下方面对基准模型进行了稳健性检验。第一,核心解释变量滞后一期处理。数字经济发展对旅游高质量发展的影响具有一定的滞后性，因此本研究对数字经济进行滞后一期处理，重新进行回归后的结果见表5-8第1列，结果显示核心解释变量滞后一期回归结果与前文回归结果基本一致，说明前文回归结果稳健。第二，更换核心解释变量。本研究中用以测度数字经济发展水平的指标是由不同维度指标体系测算而来的，不同维度权重不同实证结果会产生差异，因此采用熵值法对原数字经济发展水平指标体系重新赋权后进行回归，回归结果见表5-8第2列。结果显示，对核心解释变量重新赋权后回归结果和显著性与前文回归结果基本一致，表明原回归结果是稳健的。第三，更换被解释变量。考虑到目前部分学者采用旅游专业化水平对旅游高质量发展进行测算，[1] 因此本研究采用这一指标作为旅游高质量发展的代理指标以进行稳定性检验，回归结果见表5-8第3列。结果表明，采用人均旅游收入作为代理变量的回归结果未发生实质性变化，因此回归结果的稳定性进一步得到验证。

表5-8　　　　　　　　　基准模型的稳定性检验结果

变量	核心解释变量滞后一期	更换核心解释变量	更换被解释变量
数字化水平（dig）		0.8273 *** (3.74)	1.1835 *** (11.65)
dig L1.	1.8514 *** (3.40)		
控制变量	是	是	是
N	217	248	248
R^2	0.8376	0.5125	0.3777
F值	207.15	57.19	33.01

---

[1] R. Croes et al., "Tourism Specialization, Economic Growth, Human Development and Transition Economies: The Case of Poland", *Tourism Management*, No. 82, 2021；冀雁龙、李金叶、赵华：《数字化基础设施建设与旅游经济增长——基于中介效应与调节效应的机制检验》，《经济问题》2022年第7期。

(3) 地区异质性

为了检验数字经济对旅游经济增长的影响是否存在区域差异，本研究按照传统东部、中部、西部地区划分标准对中国31个省份进行划分并分别予以检验，检验结果如表5-9所示（受篇幅限制，表中仅展示部分回归结果）。从数字经济对旅游经济增长影响的估计结果来看，中国东部、中部及西部地区数字经济发展对旅游经济增长均存在正向影响，但东部地区未通过显著性检验。此外，三个地区回归系数分别为1.372、10.426和11.471，即西部地区＞中部地区＞东部地区。究其原因，虽然中国西部地区有丰富的旅游资源，但是受地理位置和自然条件的影响，交通基础设施和数字基础设施建设相对落后，经济发展和数字化水平相对较低，数字化水平的提升对旅游高质量发展具有较明显的推动作用。反之，中国东部地区经济发展水平相对较高，数字经济发展起步早于中部和西部地区，数字经济发展红利已经提前释放，数字化发展对旅游经济增长的提升效果逐渐减弱。中部地区经济发展水平和基础设施优于西部地区，但数字化面临的挑战依然突出，数字产业基础相对薄弱、数字鸿沟问题依然存在等，经济社会发展具有很大的提升空间，旅游产业数字化转型能进一步释放地区经济发展潜能。

表5-9　　　　　　　　数字经济对旅游经济增长
影响的分区域回归结果

变量	东部地区	中部地区	西部地区
数字化水平（dig）	1.372 (1.65)	10.426 *** (8.62)	11.471 *** (5.55)
地区经济发展水平（$lngdp$）	1.219 *** (6.82)	0.253 (1.23)	0.045 (0.14)
人力资本（$lnhum$）	1.153 * (1.98)	-0.025 (-0.02)	-2.059 *** (-5.37)

续表

变量	东部地区	中部地区	西部地区
交通网络密度（lntra）	-0.547*** (-3.97)	0.159*** (2.87)	0.300*** (4.72)
对外开放程度（open）	-0.028 (-0.18)	-1.008 (-1.13)	-0.164 (-0.17)
常数项	-7.703*** (-4.37)	0.367 (0.12)	6.265*** (2.76)
R^2	0.715	0.763	0.640
F值	51.19	48.39	26.76

（4）传导机制分析

为了进一步检验消费需求、技术创新和要素配置扭曲程度在数字化对旅游高质量发展的影响中起到的作用，本研究利用2012—2019年31个省份的面板数据进行了固定效应模型检验，中介效应结果如表5-10所示。表5-10中模型（3）、模型（4）、模型（5）为数字化对旅游高质量发展中介效应检验的三步回归结果，由此可知，数字化可以显著促进居民消费需求的提高，且同时考虑消费需求和数字化时，数字化的估计系数依然具有显著性，数字化对旅游高质量发展的直接影响为3.7889，间接影响为2.9667，消费需求对数字化影响旅游高质量发展起到部分中介作用，数字化会促进居民消费需求提高、消费支出增加，人民生活得到改善，推动高质量发展。模型（3）、模型（6）、模型（7）揭示了技术创新中介效应检验结果。结果显示，数字化与技术创新显著正相关，但同时考虑技术创新和数字化时，数字化估计系数显著为正，技术创新估计系数显著为负。根据温兆麟等的研究，技术创新在数字化赋能旅游高质量发展中起到遮掩效应，即技术创新的加入一定程度上减少了数字化影响旅游高质量发展的总效应。究其原因，可能是由于随着数字化水平的提高，在技术创新驱动下，企业生产流程、产品和服务质量相应提高，但受人力资本素质和管理制度不匹配等因素的影响，技术创新在旅游企业内的变革存在阻碍，最终表现为对旅游高质量发展的遮掩效应。模型（3）、模型（8）、模型（9）揭示了要素配置扭曲程度在数字化赋能旅游高质量发展中的中介效应检验结果。结果显示，数字化对要素配置扭曲程度影响为负，但不显著。同时考虑数字化和要素配置扭曲程度的情况下，数字化显著为正，但要素配置扭曲程度依然不显著。根据温兆麟等的做法，继续进行 Bootstrap 检验，结果表明间接效应不显著、直接效应显著，即样本期内要素配置扭曲程度在数字化赋能旅游高质量发展中未起到中介作用。

表 5-10　　数字化对旅游高质量发展的中介效应检验

变量	（3）旅游高质量发展	（4）消费需求	（5）旅游高质量发展	（6）技术创新	（7）旅游高质量发展	（8）要素配置扭曲程度	（9）旅游高质量发展
数字化水平（dig）	6.7835*** (9.16)	2.8086*** (16.13)	3.7889*** (3.66)	0.0046*** (4.77)	7.9081*** (10.82)	-12.264 (-0.60)	6.7108*** (9.06)
消费需求（con）			1.0563*** (4.00)				
技术创新（tech）					-241.478*** (-5.45)		
要素配置扭曲程度（arr）							-0.0029 (-1.35)
R^2	0.5664	0.9023	0.7460	0.5671	0.5755	0.9743	0.5698
时间固定效应	已控制	已控制	已控制	已控制	已控制	已控制	已控制
地区固定效应	已控制	已控制	已控制	已控制	已控制	已控制	已控制

实证研究3：数字化为文化和旅游融合赋予新的动能

（1）数字化赋能文化和旅游融合发展的效应检验

数字化赋能文化和旅游融合发展的效应检验如表5–11所示。结果表明，无论加入还是不加入控制变量，数字化对文化和旅游融合发展的估计系数均为正，且分别通过了1%和10%的显著性水平检验，说明样本期内数字化水平对文化和旅游融合发展具有正向赋能作用，数字化水平的提升可以显著提高中国文化和旅游融合程度。从控制变量回归结果来看，人力资本对文化和旅游融合发展估计系数显著为负，可能是由于目前人力资本素质与文化和旅游融合发展所需的要求还存在一定的差距，人力资本水平阻碍了文化和旅游融合发展；交通网密度与文化和旅游融合发展显著正相关，表明中国交通基础设施的发展有利于促进地区间文化和旅游的交流，可以推动文化和旅游发展。

表5–11　数字化赋能文化和旅游融合发展的基准回归结果

变量	模型（1）	模型（2）
数字化水平（dig）	0.5509*** （21.55）	0.2596*** （5.64）
地区经济发展水平（$\ln gdp$）		0.0667*** （6.06）
人力资本（$\ln hum$）		-0.0181 （-0.45）
交通网络密度（$\ln tra$）		0.0541*** （3.39）
对外开放程度（$open$）		0.0131 （0.87）
常数项	0.1508*** （5.94）	-0.3474*** （-2.74）

续表

变量	模型（1）	模型（2）
R^2	0.6808	0.7432
时间固定效应	已控制	已控制
地区固定效应	已控制	已控制

（2）地区异质性分析

为深入分析数字化赋能文化产业高质量发展的地区差异性，根据《中共中央、国务院关于促进中部地区崛起的若干意见》《国务院发布关于西部大开发若干政策措施的实施意见》等政策文件，现将中国的经济区域划分为东部、中部、西部三大地区。分别对三大地区数字化赋能文化和旅游融合的影响效应进行了回归，回归结果见表5-12。结果表明，东部、中部和西部地区数字化对文化和旅游融合发展的估计系数均为正，且通过了5%以上的显著性水平检验，说明这三大地区数字化水平提高对文化和旅游融合发展具有正向赋能作用。其中，估计系数西部地区＞东部地区＞中部地区，表明不同地区数字化影响文化和旅游融合发展的程度不同。西部地区数字基础设施完善程度及产业发展条件相对较弱，数字化转型对文化和旅游融合的乘数效应相对较明显，东部地区数字基础设施建设和经济发展均早于中部和西部地区，数字技术更容易应用到文化和旅游产业，从而促进文化和旅游融合发展。而中部地区基础设施和产业发展条件处于东部和西部地区的中间位置，基础条件的劣势导致数字化对文化和旅游融合的影响相对较小。

表5-12　数字化赋能文化和旅游融合影响效应的分区域回归结果

变量	东部地区	中部地区	西部地区
数字化水平（dig）	0.2903*** (4.11)	0.2368** (2.23)	0.2954*** (3.78)

续表

变量	东部地区	中部地区	西部地区
地区经济发展水平（lngdp）	0.0503*** (2.86)	0.0723*** (3.23)	0.0727*** (3.99)
人力资本（lnhum）	-0.2616* (-2.37)	-0.1737 (-1.24)	0.0239 (0.53)
交通网络密度（lntra）	-0.0043 (-0.12)	0.0753** (2.63)	0.0580** (2.26)
对外开放程度（open）	-0.0254 (-1.25)	-0.1297 (-1.29)	0.0365 (0.88)
常数项	0.4054 (1.38)	-0.0162 (-0.05)	-0.5260** (-2.76)
R^2	0.6776	0.7308	0.8343
时间固定效应	已控制	已控制	已控制
地区固定效应	已控制	已控制	已控制

（3）传导机制分析

为了进一步检验消费需求、技术创新和要素配置扭曲程度在数字化对文化和旅游融合发展的影响中起到的作用，本研究利用2012—2019年31个省份的面板数据进行了中介效应检验，中介效应结果如表5-13所示。表5-13中模型（3）和模型（4）为消费需求中介效应检验结果，根据结果可知，加入消费需求后数字化对文化和旅游融合发展的估计系数为正但不显著，表明消费需求在数字化赋能文化和旅游融合发展的影响中起到完全中介作用。表5-13中模型（5）和模型（6）为技术创新的中介效应检验，结果显示，数字化和技术创新同时加入回归模型后，技术创新系数为负且不显著。根据温兆麟等的做法，继续进行Bootstrap检验。结果表明，间接效应不显著，直接效应显著，即样本期内技术创新在数字化赋能文化和旅游融合发展中不具有中介作用。可能是由于目前文化和旅游企业内部还存在数字化转型的障碍，如技术人才缺乏或组织机制不顺等，造成技术创新的推动作用还无法发挥。表5-13中模型（7）和模型（8）为要素扭曲程度中介效应检验结果，模型（8）的结果显示，要素配置扭曲程度对文化和旅游融合发展的估计系数显著为负，数字化估计系数显著为正，表明要素配置扭曲程度对文化和旅游融合发展具有遮掩效应，即要素配置扭曲程度一定上弱化了数字化对文化和旅游融合发展的直接效应。原因可能是目前市场机制或制度变革中还存在一定的障碍，造成数字化与要素配置扭曲程度之间呈现正相关关系，见模型（7）的估计结果，即数字化水平提升还未达到合理配置要素资源的效果，而是加重了要素市场的扭曲程度。

表5-13　数字化对旅游高质量发展的中介效应检验

变量	（3）消费需求	（4）文旅融合发展	（5）技术创新	（6）文旅融合发展	（7）要素扭曲程度	（8）文旅融合发展
数字化水平（dig）	2.8086***(16.13)	0.0126(0.20)	0.0046***(4.77)	0.2610***(5.18)	38.9984***(3.04)	0.2803***(6.02)
消费需求（con）		0.0889***(5.58)				
技术创新（tech）				-0.2658(-0.07)		
要素配置扭曲程度（arr）						-0.0006***(-2.83)
R^2	0.9023	0.7801	0.5671	0.7431	0.9743	0.2176
时间固定效应	已控制	已控制	已控制	已控制	已控制	已控制
地区固定效应	已控制	已控制	已控制	已控制	已控制	已控制

（三）小结

1. 数字化对文化高质量发展的影响

本部分使用 2012—2019 年 31 个省份的面板数据，建立固定效应模型识别数字化对文化高质量发展的影响。通过采用更换变量或变量滞后一期等方法，一定程度上克服了模型的内生性的影响，增强了实证研究结果的可信性。此外，利用中介效应模型分别对消费需求、技术创新、资源配置效率在数字化赋能文化高质量发展中的作用进行了实证检验。

就数字化对文化高质量发展的作用而言，数字化水平提升能够促进文化高质量发展，而且数字化对文化高质量发展的赋能效应具有地区异质性。东部地区数字化对文化高质量发展具有正向赋能作用，中部地区具有负向赋能效应，西部地区数字化对文化高质量发展的赋能效应不明显。

就数字化对文化高质量发展的作用机制而言，消费需求在数字化赋能文化高质量发展中发挥了完全中介作用；技术创新在数字化赋能文化高质量发展过程中发挥了部分中介作用；资源配置在数字化赋能文化高质量发展过程中发挥了遮掩作用。文化产业数字化变革是文化和数字技术深度融合的集中体现，如何通过数字化激发创新创造活力，提高资源配置效率，不断扩大优质文化产品和文化体验供给，更好满足人民群众日益增长的精神文化需求，实现文化产业高质量发展是一项重要课题。数字技术是一种通用技术，数字技术与实体经济的有效融合，催生出各种新经济、新模式、新业态，引起了消费者消费需求的变化，激发创新活力，通过不断的市场刺激和政府制度变革来实现资源配置的不断优化，不断推动文化产业高质量发展。

2. 数字化对旅游高质量发展的影响

为了剖析中国数字化对旅游高质量发展的影响及传导机制，本部分在前文学理分析的基础上，利用2011—2019年中国31个省份的数字化和旅游高质量发展相关数据（其中传导机制分析为2012—2019年数据），分别采用面板基准回归模型以及中介效应模型进行实证分析，有如下研究发现。

第一，数字化对旅游高质量发展具有显著促进作用，并且在排除内生性、更换解释变量等一系列稳定性检验情况下，该结论依然成立。这说明，数字化对于实现中国旅游高质量发展具有重要意义。

第二，数字化对旅游高质量发展的影响存在地区差异。中国东部、中部及西部地区数字经济发展对旅游经济增长均存在正向影响，但东部地区未通过显著性检验。数字化对旅游高质量发展的影响的地区异质性，可能是受地区自然资源禀赋、经济发展水平、产业发展基础、基础设施完善程度等多重因素影响所致。西部地区自然资源丰富，但产业基础条件差，数字化发展的乘数效应更大。反之，东部地区经济发展水平相对较高，数字经济发展起步早于中部和西部地区，数字经济发展红利已经提前释放，数字化发展对旅游经济增长的提升效果逐渐减弱。

第三，消费需求在数字化对旅游高质量发展影响中存在部分中介作用，即数字化会促进居民消费需求提高、消费支出增加，人民生活得到改善，推动高质量发展。在样本期内，技术创新在数字化对旅游高质量发展中的影响并非中介作用，而是遮掩作用，即技术创新一定程度上弱化了数字化对旅游高质量发展的总效应。可能的原因是，数字化促进了数字技术与传统产业的融合发展，催生出一系列新技术、新产品、新模式等，但是人力资本水平较低、"数字鸿沟"依然存在等障碍的存在，造成企业无法适应数字化带来的变化，反而导致管理效率低下、成本升高等问题，弱化了数字化对旅游经济高质量发展的影响。此外，样本期内，要素资源配置没有承担数字化对旅游高质量发展的中介作用。可能的原因是，影响旅游产业资源要素流动的制度障碍依然存在，或者数字化带来的制度变革存在不适应的地方，造成旅游产业转型升级存在困难。每一次经济社会发展阶段的转换，无不伴随着与之相对应的生产力与生产方式的调整，由于数字经济发展迅猛，新技术、新业态、新模式、新产业层出不穷，经济制度调整的频率和幅度成倍放大。[①] 也就是说，现阶段中国数字经济发展存在要素流通障碍，亟须采取适当的政策措施扫除制约要素流动性和使用效率的制度障碍。

3. 数字化为文化和旅游融合赋予新的动能

有效利用数字经济是产业高质量发展的必由之路，也是促进文化和旅游融合高质量发展的重点和难点之一。在文化和旅游深度融合的推进过程中，数字化不仅仅成为一种技术要素，而且通过深度改造需求和供给体系、影响资源配置等方式，实现对领域融合的深度赋能。为了进一步检验数字化赋能文化和旅游融合的效应和影响机制，本研究利用2012—2019年31个省份的数字化及文化和旅游相关的面板数据进行了实证检验，并对消费需求、技术创新及资源配置的中介作用进行了验证，基本结论如下。

第一，数字化对文化和旅游融合发展具有正向赋能作用，数字化水平提升可以显著促进文化和旅游的融合程度，推动文化和旅游高质量发展。

第二，数字化对文化和旅游融合发展的赋能作用具有地区异质性。东部、中部和西部地区数字化水平提升均可以显著促进文化和旅游融合发展，且西部地区推动作用大于东部地区，

---

① 戚聿东、褚席：《数字经济发展促进产业结构升级机理的实证研究》，《学习与探索》2022年第4期。

中部地区推动作用最小。地区文化和旅游资源情况、地理位置、基础设施完善程度、产业发展条件等各方面因素，均可能造成数字化赋能作用的不同。

第三，消费需求对数字化赋能文化和旅游融合发展具有完全中介作用。数字化赋予了消费者跨领域消费的需求、习惯和能力，并以重构消费时间的方式降低了文化旅游消费的门槛，由此释放了消费潜能。技术创新对数字化赋能文化和旅游融合发展的中介作用尚未体现，数字技术应用推动企业创新，但是数字化变革是一个系统过程，技术人才的缺乏、管理体制的不顺、数字化转型方向选择等原因，可能会造成一定时期内变革不顺，从而影响文化和旅游发展。要素配置扭曲程度对数字化赋能文化和旅游融合发展具有遮掩作用。数字化变革，一方面减少了信息不对称，促进资源要素的流动，提升了资源配置效率；另一方面，给予治理者更丰富的政策工具，提高了治理的精准度，提升了治理能力。数字化有利于提高资源配置效率的同时，也应注意其负外部性。数字化提升可能会造成资源要素短时内向某地或产业的聚集，加重资源的扭曲程度，一定程度上阻碍了文化和旅游融合发展。

六　典型案例

（一）案例分类与选择依据

根据本研究的分析，数字化对文化和旅游高质量发展的影响主要体现在数字化的消费需求效应、技术创新效应、资源配置效应和制度变革效应四个方面。

就消费需求效应而言，数字化改变了消费方式，提高了消费需求，数字化还实现了游客服务多元化，刺激了游客消费需求。就技术创新效应而言，数字化通过激励研发创新，提升文化和旅游企业管理效率、产品和服务质量，从供给端推动文化和旅游产业向高级化方向升级；数字化水平提升，派生出更高品质、更高性价比的文化和旅游消费产品及服务，促使产业结构发生改变，加快产业融合升级；数字化改革提升了公共服务效能。就资源配置效应而言，一方面，数字化平台建设为供需双方联系搭建了桥梁，有助于帮助文化和旅游各市场主体实现精准对接，提高管理水平、优化效率、降低成本；另一方面，数字化为文化和旅游精准营销提供了可能。就制度变革效应而言，一方面是推动文化和旅游产业公共服务改革，通过数字化平台完善公共服务方式，为消费者文化和旅游体验提供便利；另一方面是以数字技术为支撑，汇集文化和旅游实时数据，运用大数据推进文旅行业精准监管，推动文化和旅游安全监管和服务质量检测，实现安全治理现代化。

本研究广泛收集资料，遴选出 15 个文化和旅游领域的数字化案例。具体遴选标准如下：（1）导向性，即该案例坚持正确政治导向和价值取向，符合中央关于文化和旅游改革发展的总体要求；（2）实践性，即该案例能够围绕文化和旅游领域发展面临的难点问题做出探索；（3）创新性，即该案例所采取的做法具有一定创新性；（4）有效性，即该案例所采取的做法产生了良好的社会效益或经济效益；（5）示范性，即该案例的数字化做法对其他同类主体具有借鉴、启发和示范意义。

具体而言，15 个典型案例如表 6-1 所示，以下从项目概况、具体做法和经验启示三个方面对上述 15 个案例分别进行详细分析。

表 6-1　　　　　　　　文化和旅游领域的数字化案例

案例分类	案例选择
满足消费需求类	案例 1. 长安十二时辰街区：营造沉浸式消费新场景 案例 2. 上海"建筑可阅读"：构建城市微旅行服务体系 案例 3. "云游鄂尔多斯"：提供主客共享的智慧文旅服务 案例 4. "浙里文化圈"：提供 24 小时不打烊的在线公共文化服务
技术创新应用类	案例 5. 敦煌石窟：数字化全方位赋能文物保护与文化传承 案例 6. 三星堆博物馆："科技+IP"令文物焕发新活力 案例 7. 龙门石窟数字孪生平台：文物保护与景区服务的数字化应用 案例 8. 中国国家博物馆中华文明云展：数智赋能赓续文化脉络
优化资源配置类	案例 9. 全国文化大数据交易中心：优化国家文化资源配置的关键 案例 10. "乐游京津冀一码通"：智慧文旅平台促进区域协同发展 案例 11. "智"旅分销平台：优化旅游产业链结构与服务质量 案例 12. 智慧甘图综合管理平台：科技促进图书馆要素高效利用
带动制度变革类	案例 13. 北京智慧旅游地图：以平台带动旅游公共服务变革 案例 14. 黄山区全域智慧管理系统：以数字科技助力政企协作 案例 15. 全国旅游服务质量监测平台：以科技推动治理现代化

（二）案例1. 长安十二时辰街区：营造沉浸式消费新场景

1. 项目概况

长安十二时辰项目位于西安大唐不夜城核心区曼蒂广场，总面积为2.4万平方米，是中国首个沉浸式唐风市井生活街区。该项目以"全唐"市井文化生活体验为核心定位，在建筑、软装、人物、故事、音乐、器物等方面全方位还原唐朝文化，营造"全唐"概念的消费场景，实现可沉浸、可触摸、可体验、可消费的文旅新体验。该项目于2022年4月30日正式开业，2023年8月又进行了再次提升，通过品牌+、故事+、网络+、体验+、消费+的"5+"创意，从宫廷迈向市井，换镜头为实景，将历史转换为现实，从观赏升格成融入，实现了文旅项目新的提升。

长安十二时辰街区通过文化精耕、多方联动以及文旅商的深度融合，实现传统与现代的共生，引领城市文旅新潮向，打造城市文化新名片。作为西安沉浸式文旅的名片，长安十二时辰主题街区荣获文化和旅游部"2022年度文化和旅游最佳创新成果""2022年国内旅游宣传推广十佳案例"等20余项重要荣誉，获得文化和旅游部颁发的"沉浸式文旅新业态示范案例"奖，入选第一批全国智慧旅游沉浸式体验新空间培育试点名单。

2. 具体做法

其一，创新场景。从"观影"到"入戏"，该项目结合原剧中的剧情、人物、道具、故事特色，构建唐朝的场景空间，将唐朝的鲜活人物、风土文化、美食习俗完美复原，让游客体验长安、感受长安、爱上长安。其中，南侧中庭的"花舞大唐"最为出彩，场景布置还原《长安十二时辰》中许鹤子上元节花车斗彩巡游的场景，充分发挥三层中空的立体空间，营造一处公共演艺舞台。既符合现代商业公共空间设定，又营造出影视剧中灿烂夺目的舞台效果。丰富的唐风立体装饰营造出强烈的视觉冲击力，给人一种独特的审美体验，公共演艺平台更是将唐长安各色曲艺舞蹈集中呈现。从宫廷到民间，自舞蹈至曲艺，各色唐代艺术集萃于这一舞台，灯火阑珊的大唐风光，百余种长安小吃，还有各种文化氛围的歌舞表演，以及杨贵妃、唐玄奘这些可互动的 NPC（Non-Player Character，即非玩家角色），组合成一场精彩的唐长安视听盛宴。

其二，沉浸式体验。长安十二时辰在循环变化中呈现大唐盛世繁华和市井日常生活，从一个时辰出发，精耕一日十二序列内容，拓展至一年四季的维度。项目形成"十二时辰业态各异，一年四时景致不同"的独有项目效果，打造以"12"为维度的系列亮点体验内容，"12 处长安场景""12 条长安街巷""12 道经典菜品""12 味地道小吃""12 个长安礼品""12 位唐朝人物""12 场特色演艺""12 场沉浸故事""12 个唐朝节日"，形成九个系列合计 108 个项目亮点的内容，进行多层次、多角度、多方位呈现，打造一处淋漓尽致、多彩至极的唐朝时空。项目以立体商业空间为载体，将长安小吃、主题文创、特色演艺、沉浸游戏、文化包间、场景体验等多元"原唐"业态融入其中，多维打造集唐风市井体验、主题沉浸互动、唐乐歌舞演艺、文化社交休闲等为一体的全国首个沉浸式唐风市井生活街区。

其三，全景综合布局。"长安十二时辰 + 大唐不夜城"唐文化全景展示区构建"一轴·两市·三核·四区·五内街"的街区整体格局，推动建筑、艺术、商业、科技等全面提升，打造室内外盛唐文化主题风貌。长安十二时辰主题街区市井文化与室外的大唐不夜城、大雁塔、大唐芙蓉园的皇家气象，通过优势互补，使文化 IP 成为引领城市"微景区"的市场风向标，获得市场广泛好评。从进入展示区的那一刻起，游客由一个旁观者变为深度体验的参与者，身临其境地"做一回唐朝人"，在一场唐朝之旅中感受唐朝、爱上唐朝，在创意创新中增强了文化自信。

其四，科技赋能。整个街区通过庞大的智能光影系统，运用二十余种光源，同时通过控制系统实现自动感应控制、定时控制、远程控制等，满足不同场景需求，实现丰富的街区景观效果。为了让游客能更加沉浸地体验唐代文化，街区内打造了一套独有的全新支付体系——"开元通宝"交易体系。为保证交易的安全性，街区开发了代币交易管理系统，实现了代币从发放到交易的全流程追踪管理。虚拟场景与现实美景交融，现代科技与传统文化相结合，带来全新的游玩体验。

其五，文旅深度融合。2023年8月，项目由2.0版的唐风市井生活体验地升级为3.0版的唐风沉浸式主题乐园，为游客提供更精彩的沉浸式演艺、更优越的全唐体验场景、更丰富的创新产品业态、更完善的五星服务体系，打造文旅深度融合高质量发展新名片，提升陕西文化旅游市场在全国的影响力。街区NPC互动演艺已实现全天候、全覆盖，互动方式也升级为游客随时参与、随时对戏的强互动模式。运用互动思维孵化沉浸式体验空间，以曲径通幽的形式提升游客的沉浸感、体验感，为游客带来移步换景的独特体验。街区用心优化更新产品体系，为不同人群量身打造类型多样、品种丰富的产品。在配套设施方面，长安十二时辰主题街区增设医务室、母婴室及第三卫生间，方便特殊需求人群，增设多个休息点供游客歇息，升级通风系统以改善街区内空气质量。此次升级后，长安十二时辰主题街区将营业时间延长至24时，让游客能够在"长安城"的热闹氛围中尽兴而归。

3. 经验启示

其一，文化赋能商业，实现主题IP产业链延伸。将优秀的传统文化"唤醒"与"活化",为文旅商业变现赋能,挖掘提炼文化主题 IP 中具备商业化转化价值的亮点文化元素,针对不同元素量身定制新型体验路径,文化内核推动文旅新业态发展,推动传统文化的现代转化,为 IP 实现价值扩列,从商业化运营角度,围绕一个文化 IP 打造具有高产出、高识别度的文化产业集群,持续丰富 IP 矩阵,孵化自有 IP 和嫁接品牌 IP,构建多维度多要素的主题体验式消费场景,同时从文化精神层面去沉浸,实现文化演绎传承。

其二,沉浸式体验打造,丰富旅游消费业态。该项目让游客突破传统的"观看模式",进入"体验模式"当中,在获得丰富体验的同时促进文旅消费。在整体规划设计上,项目将主题景观、演艺内容、商户业态等有机融合,打造风格统一的沉浸式物理空间,为游客带来身临其境的奇幻体验、美的感受和文化的浸染,同时不断拓展业态及产品体系长度、宽度、深度和关联度,创造品类众多、选择性强的有效产品组合,满足旅游者的不同需求,促进消费升级及产品业态提质增效。

其三,产品服务持续迭代,激活消费新动能。该项目通过"场景消费运营",以文化注入旅游活动,打造有文化灵魂的旅游产品。长安十二时辰充分带动周边及上下游产业发展,提高旅游综合体整体项目核心竞争力,同时保持创意创新,不断更新迭代,拓展消费空间,通过科技、内容创新、基础配套、服务品质、产业模式等方面的提升,能更好地满足不同旅游消费群体的不同需求。该项目从旅游消费要素角度,不断完善旅游产品体系和产品供应链,培育新的供给亮点,增加游客旅游的兴奋点,形成品类丰富、组合优良的旅游产品要素链,从而不断创造新的消费热点。

（三）案例 2. 上海"建筑可阅读"：构建城市微旅行服务体系

1. 项目概况

近年来，上海以打造卓越的全球城市为目标，大力倡导"建筑是可以阅读的，街区是适合漫步的，城市是有温度的"，坚持以文塑旅、以旅彰文，突出上海"都市型、综合性、国际化"特点，大力推动"建筑可阅读"工作。自 2021 年上海推出"建筑可阅读"至今，经过多次迭代，"建筑可阅读"现已成为上海民心工程的"代表作"、文旅深融合的大 IP、上海数字转型的生动案例和城市千万级流量的"主入口"。

在数字化、全球化正以不可逆转之势改变人类社会的背景下，新消费浪潮的中坚力量——Z 世代正在快速崛起。上海市面向 Z 世代文旅消费新需求，不断优化文旅领域的供给侧结构性改革，增强城市文化的"年轻力"，构建"建筑可阅读"线上线下联动的传播体系，用数字化、分众化的创新方式传承"最上海"的历史文脉。围绕全市各级文物保护单位、优秀历史建筑、保留保护建筑、当代地标建筑等的保护管理、活化利用、价值挖掘、宣传推广，从以设置二维码方便市民游客了解建筑背后故事的"扫码阅读" 1.0 版，到扩大各类建筑开放让市民游客走进历史建筑的"建筑开放" 2.0 版，再到深度利用数字化方式、激发全民参与的"数字转型" 3.0 版，逐步开创全新的都市旅游方式，激发全社会的参与热情。经过数年努力，上海"建筑可阅读"范围已覆盖全市，开放建筑 1056 处，设置二维码 2957 处，基本实现建筑的可读、可听、可看、可游，生动诠释了"建筑可阅读，街区可漫步，城市有温度"的城市生活理念。

2. 具体做法

上海"建筑可阅读"通过以下做法，构建起一个城市微旅行的服务体系，从而促进消费便利化，助力文旅深度融合。

其一，统一入口。推出上海"建筑可阅读"线上总入口——"建筑可阅读"微信小程序。目前已收录上海1000余处经典建筑介绍，集合了建筑信息、建筑导览、建筑打卡、推荐路线、周边打卡点、建筑故事等功能，突出实用性、操作性、便捷性，打造24小时"建筑可阅读"云上空间。

其二，成立联盟。由60余家建筑业主单位、建设企业、文博单位、文商旅企业、新媒体平台等发起，成立上海"建筑可阅读"联盟，搭建合作交流平台，创建自主管理模式，并发布上海"建筑可阅读"统一官方形象标识。

其三，出台标准。相关机构发布《上海市"建筑可阅读"工作规范》，统一建筑开放、二维码设置等相关标准，提升服务效能。2022年，上海还出台了市级层面"建筑可阅读"相关管理办法，从准入条件、标识体系、市场参与、保障措施等方面，进一步完善顶层设计，加强制度规范，促进"建筑可阅读"精细化管理和可持续发展。

其四，搭建平台。以"建筑可阅读"为平台，联动全市建筑资源，稳步推进、全域覆盖，打造高品质、更丰富的文旅体验。截至2021年年底，全市开放参观建筑数量达1056处。每年举办"建筑可阅读"文创市集，将其作为全市"建筑可阅读"工作集体亮相、集中宣传、集聚效应的主要平台，推出近千种相关文创产品，广受好评。

其五，打造队伍。目前，已经建立起一支由文化遗产、建筑、旅游、传媒等领域专家、志愿者、讲解员组成的"建筑可阅读"人才队伍，搭建全社会共建共享机制，让更多人参与其中、乐在其中。上海广播电视台主持人"建筑可阅读"公益推广中心正式成立，主持人在各区巡回开展"建筑可阅读"宣传推广、志愿培训等活动。

其六，推出"套餐"。遴选部分经典建筑，开展"一楼一'套餐'"试点，即每处建筑配有一套文创产品、一张邮票、一套明信片、一本书、一部纪录片、一支讲解队伍、一个研究团队等。围绕武康大楼已推出口袋书、雪糕、咖啡、饼干、香薰、主题邮局等，从价值阐释、历史研究、宣传推广、讲解导览等方面，全方位、多角度、深层次地"阅读"经典建筑。与此同时，相关机构坚持突出特色、打造精品，紧密结合建筑风格和文化底蕴，设置特定主题，推出百余条各具特色的建筑游线。

3. 经验启示

上海市"建筑可阅读"，着眼于城市微旅行，从上海最有资源、最有优势的地方出发，把更多都市资源转化为文旅资源，把资源优势转化为功能优势，把功能优势转化为竞争优势。在此过程中，上海适应社会生活数字化转型新需求，通过运用大数据、人工智能、物联网、云平台等数字化方式，推动文化、旅游与数字科技深度融合，加强历史文化建筑保护和利用，开发更具历史、文化和科技元素的特色产品和旅游线路，全面提升服务水平。其经验在以下方面具有借鉴意义。

其一，重视历史载体保护，鼓励活化利用。在挖掘、赏鉴建筑、文化街区、文物等历史载体的基础上，上海寻找独属于这座城市的魅力，让越来越多的年轻客群日渐倾心于历史载体的保护和历史文脉的传承。上海以具有历史事件、故事的场所，作为文旅策划的重要题材，打造新的文化景点；同时根据历史载体的功能及定位的不同，分类对其进行保护及利用，加大历史载体开放力度，进一步扩大"可阅读"载体的开放范围，让大家走"进"历史、融入历史、感知历史；在博物馆日、历史文化名城日等举办大型活动期间，动员业主积极配合，丰富历史载体的可参观体验。

其二，推进服务体系建设，提高公众参与度。上海的经验说明，需要跳出传统思维模式，加强产品意识，即在维持高质量公共服务的基础上，不断提升主题项目精细化管理水平，以各种形式和渠道收集客群建议和意见，通过大数据分析形成报告，为市民游客出行提供参考，为相关单位改善服务提供依据，为后续进一步拓展服务和产品打下基础。同时，要注重主题化产品的整体设计，从提升地区安全与文旅体验的角度，通过对人行通道、转角绿化和商铺外摆等进行总体规划，加强对周边空间环境的微设计、微更新，使取景拍摄与日常通行有机融合。上海还不断优化周边业态，紧紧围绕文旅需求与民生服务，营造区域主题氛围，使项目主题区更好地呈现出市民生活与旅游体验的互动共享。此外，通过打造专家、讲解员和志愿者组成的人才队伍，并以各种新颖的活动形式，扩大"建筑可阅读"的覆盖面和参与度。

其三，构筑主题产品文化谱系，形成多元传播矩阵。构筑主题产品的文化谱系对于活化历史文化而言非常重要，通过大力挖掘主题相关历史文化底蕴，在基本信息基础上创新展示与"阅读"形式，可让游客深入感知项目主题文化的丰富内涵；走近并融入项目背后的人文故事以及所在地区的历史，让文旅项目与地域、文旅项目与人产生勾连，激发项目内在生命力。上海还从文学、审美、艺术（摄影、绘画、音乐）等年轻主力客群喜闻乐见的题材入手，以音频、短视频创意盲盒、手办等文创周边形式，形成传播矩阵。以文化遗产活化丰富文化旅游体验，加快历史文物、历史建筑、非遗等的活化利用，通过参观、文化演艺等方式，让静止的历史文化载体能够真正向市民和游客开放，让民众全方位体验其历史文化底蕴。

其四，紧抓数字文旅发展机遇，实现"线上+线下"联动。上海积极应对社会生活数字化转型新需求，通过运用人工智能、物联网、大数据、云平台等多种技术，推动文化、旅游与数字科技深度融合。便捷高效的展示、互动、体验手段，如导游二维码、宣传视频、创意三维动画、语音解说、电子墨水墙、VR等的应用，可为游客营造"线上+线下"相结合的沉浸式游览体验。

（四）案例3."云游鄂尔多斯"：提供主客共享的智慧文旅服务

1. 项目概况

近年来，鄂尔多斯市围绕建设"文化强市"远景目标和建设"国内一流旅游休闲城市"具体目标，以"智慧文旅"赋能城市智能体系建设为抓手，不断深化文化和旅游数字化建设，加快文旅公共服务、产业监测、行业治理与数字化、智能化的深度融合。2021年5月，启动建设"云游鄂尔多斯"平台，并搭载微信小程序进行建设推广运营，经过多次测试、验证，于2022年1月底正式上线。

作为鄂尔多斯智慧文旅的用户端、智慧文旅平台的总入口，"云游鄂尔多斯"是面向广大市民游客的一款集公共服务、文化展示、信息发布、在线商城等功能于一体的综合应用程序。平台围绕"暖城鄂尔多斯"的城市文旅品牌形象，开发"图游""云赏""首页""服务""我的"等主要专栏，推出"印象鄂尔多斯""人文鄂尔多斯"特色版块，设计"文旅资讯""文化场馆""文娱休闲""游玩攻略""旅游线路""文旅展示"等专栏。通过打造在线文旅服务圈，为游客市民提供全流程智慧服务体验，使其真正实现"云码在手、畅游无忧、说走就走"。截至2023年10月，该平台用户总量达120万人，累计入驻活跃商家549家，累计发放政府消费补贴8100万元，完成线上订单75.24万单，总交易额达3.98亿元，引导企业主动让利惠民

3000多万元。

2. 具体做法

"云游鄂尔多斯"通过以下做法，为市民游客提供全流程智慧服务体验。

其一，提供全方位文旅信息。"云游鄂尔多斯"开设了"文旅资讯""游玩攻略""旅游线路""文娱休闲"等模块，展示和推荐当地精品文化旅游产品。其中，"印象鄂尔多斯"专栏，重点展现鄂尔多斯市全国文明城市、国家森林城市、优秀旅游城市等城市品牌创建成果；"人文鄂尔多斯"专栏，则从述历史、观演艺、赏非遗、话文物四个维度，通过全景展示、VR、手绘地图、音视频、互动体验等形式个性化展示鄂尔多斯绚丽的人文历史。此外，还专设"多景之城"板块，实现域内九个旗区的目的地"一键"链接。

其二，实现产业大数据分析。基于"云游鄂尔多斯"前端的运营数据、"鄂尔多斯旅游一卡通"应用数据、线下终端设备采集数据（刷脸机、闸机）等，将文旅产业实时数据存储和沉淀至大数据中心，经分析汇总形成游客画像、客源地画像、景区画像等可视化分析结果，结合运营商数据、银联消费数据、OTA数据、舆情数据等综合形成文旅大数据分析报告，为产业监测和产业决策提供大数据分析依据。

其三，整合文旅公共服务。"云游鄂尔多斯"整合了线上公共服务资源，对文旅系统图书借阅、在线书城、智慧文化馆等场馆的个性化应用服务进行对接并统一出口，开设文保单位、乡村旅游示范村（户）、备案导游、备案旅行社等文旅信息的"一键"查询通道，上线4A级（含）以上景区的智慧导游导览、分时预约，链接交通查询、神州租车等出行助手，市民游客可通过平台"服务"专栏实现文旅资源一图览、文旅资讯一键查，从而获得更加便捷、高效的服务体验。这一举措体现了政策最贴心、办事最省心、投资最安心、服务最暖心、生活最舒心的"五心"暖城品牌。

其四，提供惠民助企服务。为进一步激活文旅市场，促进文旅消费升级，打造文旅惠民、助企、利业的新阵地，平台开设文旅消费惠民专区，积极借助政府资源，推进文旅消费惠民补贴发放。针对"4.23世界读书日""5.19中国旅游日"等节点，围绕景区、场馆、酒店、文创产品和特产经营户等市场主体设计消费惠民补贴产品。2022—2023年，平台统筹政府4500万元文旅消费补贴资金，联合市内20家A级景区，专题策划推出面向全国游客的"鄂尔多斯旅游一卡通"，卡券面额为200元。通过引入人工智能技术，系统确保游客市民可通过线上领取消费惠民补贴—线上下单—线上人像录入—线下无感入园的高效智慧体验，实现全年不限次、免门票、无接触入园。与此同时，所有政府补贴和一卡通发行收入经核算后，全部经财政专户返还A级景区。平台依托联通"沃支付"通道，实现了线上交易商家—用户的两点式交易模式，交易流水"T+1"回笼，减少商家现金流压力。如此，既可引导市民游客利用消费补贴进景区、进酒店、买文创、购特产，线上下单消费结算，在享受便捷服务的同时获得实惠，也调动了文旅企业和其他市场主体的积极性。截至目前，"鄂尔多斯旅游一卡通"累计发放50万张，用户分布于全国各省份及香港特别行政区，累计带动景区客流300万人次。

其五，畅通宣传营销渠道。"云游鄂尔多斯"以微信小程序为载体，开设同名微信公众号、微信视频号、企业微信群等，形成营销宣传私域流量，及时发布文旅企业最新的营销宣传活动信息。开设"爽目""爽口""爽宿""爽购"等栏目，引导商家入驻，构建在线商圈。截至目前，入驻A级景区51家、酒店及特色饭店123家。在增大线上营销力度的同时，平台注重线下企业对接、产品包装等营销推广方式，开展"大节点小节事"主题系列营销策划，全年营销活动不断档。

3. 经验启示

鄂尔多斯"一机游"智慧文旅平台"云游鄂尔多斯"基于呼包鄂乌智慧文旅一体化发展要求建设，平台整合信息发布、应用载体、线上宣传、精准营销等功能，将文化展示与公共服务、文旅惠民与助企利产、产业监测与质量提升有机结合，对于其他地区具有借鉴意义。

其一，围绕"智慧服务"，构建"线上+线下"的全天候公共服务新模式。各地"一机游"智慧文旅平台都打造了本地区智能用户端，将文旅公共服务与文旅惠民有机结合，全面提升市民游客的幸福感、获得感、体验感。在建设初期，政府统筹支持，以用户为出发点做充分的市场调研，将向市民游客提供优质高效的服务体验、畅通文旅企业与游客通道等文旅相关公共服务应用进行系统性集成，实现24小时线上不间断+线下日常服务，充分提升平台的覆盖率和使用率，立足于惠民、助企、助推产业发展，从而增进平台用户黏性、提升整体声量。

其二，紧扣"智慧营销"，构建"政府+市场"的全链路营销新机制。政府建设运维"一机游"智慧文旅平台体现其公益性质，充分发挥助企利业作用，聚合文旅企业，激发对平台使用的自主性。在增大线上营销力度的同时，面向市场，注重线下企业对接、优势产品包装等营销推广工作，组织企业洽谈会、座谈会等，促进酒店、景区、旅行社、特色民宿、美食餐饮、文创企业和乡村振兴品牌土特产品等商户之间的合作，打造链路产品，引导企业抱团合作。平台通过整合商家资源，可为企业提供公益性宣传推广平台，进行跨属性（景区+酒店、景区+文创特产、景区+多业态等）企业间的组合营销，提供营销策略，激发市场活力，促进优质产品产出及消费。

其三，立足"智慧管理"，构建"行业监测+大数据分析"

的全方位治理新思路。全国各地智慧文旅平台建设及发展本身存在不平衡不充分的问题，而使用不充分是需要重点关注的问题。一些地区"一机游"智慧文旅平台建设之初轰轰烈烈，投入使用后由于资金、需求及推广使用不充分等原因，平台利用率不高。因此，检验智慧文旅平台建设是否成功的根本在于使用情况。为此，需要充分利用平台抓取海量数据，结合产业运行情况，对行业进行监测、诊断，找出典型范例加以推广，为行业企业发展提供数据支撑和分析指引，及时检测和预警安全风险，保障市民游客的人身财产安全。

（五）案例 4."浙里文化圈"：提供 24 小时不打烊的在线公共文化服务

1. 项目概况

近年来，浙江省深入实施文化和旅游产业数字化战略，加快发展新型文旅企业、文旅业态、文旅消费，改造提升传统业态，提高质量效益和核心竞争力，在全国率先提出并建设"15 分钟品质文化生活圈"。2022 年 10 月，"品质文化惠享·浙里文化圈"在"浙里办"App 和微信小程序正式上线。这不仅让"15 分钟"成为一个时间考量刻度，更成为衡量文化生活获得感的检验标准，是以"数智文旅"展现浙江的重要窗口。

"浙里文化圈"小程序着眼于构建 24 小时不打烊的在线文化空间，以公众精神文化需求为导向，以"15 分钟品质文化生活圈"为依托，按照"看书、观展、演出、艺培、文脉、雅集、知礼"七大场景，提供省市县乡村五级联动的一体化、模块化服务，并通过用户精准画像，实时推送文化展览、图书借阅、文艺演出、艺术培训、志愿服务等清单，致力于推进公共文化资源配置闭环、精准服务闭环、管理调度闭环、评价监测闭环，为公众打造丰富多彩的一站式文化链接。小程序服务端上线以来，注册用户 508 万，已打通浙江 16 个部门和省市县乡村 5 个层级的文化资源，组织开展圈内文化活动 99.67 万场，图书一键借阅 10.05 万册次，一键入馆预约 428.98 万人次。

2. 具体做法

"浙里文化圈"通过以下做法，使高品质公共文化服务触手可及。

其一，打造一站式文化链接。"浙里文化圈"小程序开设"看书""观展""艺培""演出""文脉""雅集""知礼""文化圈"等模块，在读书方面为用户提供一键借阅、在线阅读、通借通还等服务，在观展览方面满足用户线上游展、入馆预约、信息查询等需求，在课外艺术培训方面实现放心优选、便捷点单报名的功能，在观演方面实现资讯获取、一键购票的快捷操作，在文化与社交方面让用户获得探寻历史、走近文脉、以文会友的体验，在志愿活动方面满足践行善举、奉献价值的个人需要。这种以数字技术扩大公共文化服务覆盖面，满足人民群众文化需求，让高品质文化生活从指尖走到身边的做法值得借鉴。

其二，构建公共文化云基层智能服务端。为了解决基层公共文化机构数字化基础薄弱、无专业技术人员、数字化资源不足等问题，"浙里文化圈"小程序整合公共文化服务资源，基于统一的技术规范和服务标准，打造"15 分钟品质文化生活圈"，深化系统对接和数据共享，实现文化资源应入尽入，进一步激活基层公共文化设施潜能，促进公共文化网络向基层延伸，打通了公共文化服务"最后一公里"。目前，浙江省已建成"15 分钟品质文化生活圈"11730 个，覆盖村（社区）1.18 万个，整合设施（空间）9.18 万个，集合文艺社团 5.6 万个和文化志愿组织 2.53 万个，并全部进驻"浙里文化圈"应用小程序。

其三，以数字技术传播优秀传统文化。浙江充分挖掘本土文化，不断探索市民共同见证和经历的文化经验，形成在街头巷尾转角遇见的文化记忆，并通过小程序在文化传承与体验方式上赋能，将零散的文化资源整合塑造成文化资本，彰显文化自信。

其四，多元化提升公共服务效能。"浙里文化圈"通过全新升级，与"浙里办"App、"游浙里"等公共服务平台建立有效链接，并通过入驻支付宝平台等，开辟全新渠道窗口，实现多平台、多场景的智慧联动。在满足用户"在线预约、快递借书、特惠购书、演出购票、在线艺培"等在线服务需求的同时，开发"浙里票务"平台，满足票务预订、书籍购买、场馆预约等票务功能需要，提升"一站式文化链接"公共服务效能。

3. 经验启示

"浙里文化圈"小程序是贯彻浙江省委省政府打造数字化改革标志性成果的落地之举，是推进新时代公共文化现代治理的变革之需，也是更好满足人民群众精神文化需求的赋能之策。通过建立"全省公共文化服务供给资源库"，"浙里文化圈"整合全省线下行政区域数据、人口基础数据、国土资源数据，在现有文化设施配置的基础上，科学研判线下公共文化空间布局的合理性，依据大数据分析对社区周边的新型文化空间进行精准供给。与此同时，通过用户精准画像，实时推送文化展览、图书借阅、文艺演出、艺术培训、志愿服务等内容，让居民及游客基于地理位置信息的看书、逛展、观演、学艺或参与社区周边文化活动的需求，均可在"浙里文化圈"精准呈现、一目了然，并实现一站式服务，真正实现让文化可感、可得、可见。

其一，全方位整合，打造旅游服务新体系。其经验主要体现在以下方面：借助智慧公共文化服务应用系统，深化市、县（市、区）站点建设，实现全域内系统对接和数据共享及文化资源应入尽入；盘活省市县乡村五级文化资源，丰富"云展览"、培育"云演艺"、强化"云服务"、便捷"云交易",让人们足不出户就能便捷享有多种文化惠民服务,通过线上与线下紧密互动,让"一站式文化链接"由表及里不断深入。

其二,全渠道推广,创新旅游服务新场景。其经验主要体现在以下方面:围绕人们对文化消费的内容认同感、趣味可玩性、互动体验感等需求,以"互联网+"的形式链接文化场馆、主题文旅综合体、社区文化生活圈及景区等各类线下场景,搭建公共文化服务平台;形成服务城市居民及游客多元文化需求的沉浸式体验、社交连接、多元娱乐线上功能模块;重点培植大众喜闻乐见的文化艺术熏陶体验、文化场馆参观、观影赏剧、社会实践与社交互动等文化休闲领域新文化消费场景,构建线上+线下的"新文化消费"模式。

其三,全流程优化,助力旅游服务高效能。其经验主要体现在以下方面:通过小程序模块功能的复合性、全面性、多元性完善优化,一站式囊括文化休闲打卡地、网红热点活动、文化项目产品展示、文化信息发布、导航功能、文娱商品售卖、优惠信息等服务特色;在文化活动智慧推荐、智慧票务服务、智慧阅读及导览、文化研究、艺术培训、虚拟体验等市民注重的文化休闲服务方面,围绕用户即时性、随机性、移动化的公共文化服务需求,进行高质量、便捷化一站式服务的开发建设;以月度文化热点标签、区县文化资源分类、热点新闻推送等形式,实现热度维持与互动持续,促进线下文化场地人气的快速提升。

其四,多方位联动,探索公共服务新路径。其经验主要体现在以下方面:持续进行渠道开拓,强化小程序与多元平台的互动黏性,促进智能高效的公共文化服务平台系统成为政府与市民、文化与市场的需求枢纽;借助特色文旅活动、特惠讯息等宣传营销手段促进平台用户流量从 App 向多元渠道导入,激发文化消费市场向多种渠道拓展,带动各式各样的文化消费与艺术欣赏，构建可持续增长的文化市场生态。

（六）案例5. 敦煌石窟：数字化全方位赋能文物保护与文化传承

1. 项目概况

敦煌研究院作为敦煌石窟的文博管理单位和旅游接待单位，全面推进文化和旅游融合、文化与科技融合，提升公众文化服务能力，努力将敦煌研究院建设成为世界文化遗产保护典范和敦煌学研究高地。自1993年以来，以敦煌研究院为主要单位，不断实施敦煌壁画保护研究及文旅融合的数字化探索。随着数字信息技术应用的深化，相关机构不断推动文物保护与传承、管理及研究迈上新的台阶：优化旅游参观模式，改版升级莫高窟预约售票系统；进行文物数字化展示，以虚拟数字+实景展示的形式创新石窟游览体验；推出"飞天"专题旅游线路，构建丰富的旅游产品体系；创新旅游文创商品体验形式，推出"敦煌诗巾"小程序；开发研学体验项目，打造"莫高学堂"；开展文化宣传活动，举办"敦煌文化驿站"公益讲座，开办线上直播课等，纵深推进文旅数字化发展。

2. 具体做法

敦煌石窟通过以下做法，让数字赋能文物保护与传承。

其一，实施文物数字化。敦煌石窟以数字化储存技术打破文物保护困难、不宜长时间开放展示的局限。截至2022年年底，完成289个洞窟数字化摄影采集，45身彩塑、140个洞窟、7处大遗址三维重建，162个洞窟全景漫游节目制作，5万余张档案底片的数字化。同时，通过无线传感器网络技术和智能化手段，对莫高窟文化遗址遗存本体及外围风沙、水文、气象、病害等进行实时监测、预警管理。

其二，营造智慧场景。敦煌石窟通过实体洞窟与虚拟体验结合的方式，为游客提供"窟内文物窟外看"的智能化虚实融合的全新体验，打造180度球幕中心，推出《千年莫高》和《梦幻佛宫》两部数字电影，设置VR漫游体验项目，通过数字化、信息化等高技术手段，实现敦煌文化艺术资源在全国乃至全球范围内的数字化共享，让大家更好地感受敦煌艺术的魅力。

其三，打造品牌IP。以敦煌IP为核心，充分发挥品牌效应，促进文化和旅游深度融合，打造敦煌文旅标识乃至城市符号。其具体做法如下：开发"云游敦煌"小程序，覆盖敦煌石窟丰富的壁画、彩塑和石窟建筑，让用户在线上即可感受敦煌文化的美妙；打造"莫高学堂"研学品牌和"莫高和集"文创品牌，构建特色多元文化体系，阐释敦煌文化价值；坚持"莫高和集"文创品牌持续创新，不断丰富敦煌研究院文创馆、敦煌诗巾小程序、小鲸商城、腾讯视频商城等互联网平台内容，助推线上和线下消费场景的创新，以IP营造核心竞争力，发挥品牌带动作用，创造文化新价值。

其四，形成立体营销模式。进行影视营销，以综艺节目《登场了！敦煌》等激发年轻客群的共鸣与旅游向往；与《梦幻西游》和《王者荣耀》等游戏联名进行文创合作，实现文化传承与品牌商业、社会价值的互惠；进行文化宣讲活动，开展《敦煌文化驿站》公益学术讲座、"我是莫高窟小小讲解员"活动、"莫高学堂"主题线上直播活动等，进一步加强文化自信；使线上"敦煌诗巾"与线下"莫高和集"文创平台实现互相融通，进一步促进文化解构与传播。

3. 经验启示

敦煌研究院以敦煌石窟为载体，传承"莫高精神"，并不断赋予新的时代内涵，通过科技赋能文旅，为中国文化遗产保护、研究和弘扬事业做出了积极贡献。以下经验值得借鉴。

其一，坚持科技转化。以文化和数字科技相融合，抢救珍贵的文物信息，使历史文物得以永久保存，为文化研究积累准确详细的信息资料。同时，数字化技术通过制作虚拟场景，满足游客游览参观、欣赏、研究等需求，在缓解遗址遗迹开放压力的同时，为文物保护提供技术保障。敦煌研究院在石窟数字科技方面的探索实践，形成了一套科学的数字化保护标准体系，为国内文物数字化保护、管理与传承工作积累了经验。

其二，发挥数字创意。敦煌积极发展沉浸式演艺、沉浸式展览、沉浸式娱乐、沉浸式影视的旅游体验形式，以现代科技和特色文化相融合，打造可看、可听、可游走、可互动的文化艺术盛宴，乘着"国潮"东风，"活化"传统文化。

其三，全方位营销。敦煌依托文化旅游资源和学术资源，形成以地域特色和文化遗产挖掘为核心、数字创意为手段、新技术为支撑的新媒体传播体系。通过搭建传播矩阵，建立网站、微信客户端、短视频平台等多平台账号，推出自主创作内容，运用云展览、融媒体传播等多种传播方式，将线上宣传及线下活动相结合，围绕核心IP品牌，以跨界IP联盟互动合作的形式，扩大宣传辐射范围和影响力，不断创新文旅传播途径和文化弘扬模式。

（七）案例6. 三星堆博物馆："科技+IP"令文物焕发活力

1. 项目概况

三星堆博物馆位于历史文化名城四川省广汉市西部鸭河畔，三星堆遗址东北角。博物馆新馆位于三星堆博物馆园区内，占地面积为66亩，建筑面积为5.44万平方米，其中博物馆面积为4.78万平方米，游客中心面积为6600平方米。主体建筑地上2层，地下1层，地上建筑面积为4.37万平方米，地下建筑面积为1.07万平方米，共展出陶器、青铜器、玉石器、金器、象牙等各类文物1500余件（套）。三星堆博物馆以其丰富的馆藏、高品质的展览、多彩的活动、鲜活的文创以及不断创新的展览形式，受到广大市民的关注，也吸引了众多游客。通过创新文物展现形式、引进特色临展以及开展博物馆教育等举措，三星堆博物馆正成为四川省文化旅游融合发展的新增长点和前沿阵地。2023年五一劳动节假期，三星堆博物馆接待游客9.93万人次，实现门票收入521.8万元。

2. 具体做法

其一，数字化交互模式展陈。三星堆博物馆与高校、科研院所、腾讯公司等开展合作，利用科技手段提升文化遗产保护、展示传播和服务游客能力，形成大量文化和科技融合的创新性成果；同时，还将传统考古和修复技艺与现代科技相结合，不断提高遗产保护能力。该博物馆搭建数字孪生运营系统，通过深入分析数据价值，实现对穿越数千年的三星堆文化底蕴的记录、留存、展示，并做到全面智慧化管理。三星堆博物馆利用AI辅助文物修复，通过数字化模拟完成了两件大型青铜器——铜兽驮跪坐人顶尊铜像和铜罍座倒立鸟足顶尊神像的数字复原。三星堆博物馆还创新了《古蜀幻地》，利用混合现实（MR）技术，结合全息三维视频、空间定位等手段，在博物馆原有展陈的平面化观展体验基础上，通过文物将古蜀幻地剧情故事贯穿游客的整个游览过程，实现三星堆综合馆与虚拟故事场景的相互融合，营造出一个丰富多元的实时互动场景，使游客在博物馆的游览中获得耳目一新的观展体验和强烈的观感冲击。

其二，打造立体化体验场景。德阳市文化和旅游局先后成立三星堆文旅发展公司、蜀元创新研究院，围绕三星堆文化打造新品牌，推进三星堆文化旅游发展区建设，打造特色文化街区、多元酒店集群、标志性演艺精品、时尚主题乐园、体验式文创产业园区五大应用体验场景。文化旅游区推出展览、展演、市集等文博活动，还有古蜀人角色扮演（COSPLAY）与游客互动、聚餐，体验三足炊器吃"火锅"的三星堆文化，进一步增强游玩体验，让市民和游客感受沉浸式、共享型、多元化的三星堆商圈文化。三星堆博物馆目前正在建设四川省首批区域文物保护中心，并积极创建5A级旅游景区。

其三，文化IP商品化开发。针对文创开发，三星堆博物馆规划建设占地900平方米的复合型文创馆，文创馆将包含堆堆堆咖啡馆、堆堆堆茶艺、文创艺术空间和三星堆主题邮局等一批文创新业态，并计划在新馆开放后逐步推出300多类文创产品。三星堆博物馆与80多家国内优秀创意企业合作，设计开发文创产品700余种。三星堆博物馆通过IP授权运营模式，与腾讯公司等合作，推出动画片《三星堆·荣耀觉醒》、动画电影《金色面具·英雄》《三星堆传奇·勾云之星》、小说《蜀帝传奇》《蜀山云无月》，以及以三星堆形象为角色的腾讯增强现实（AR）游戏《一起来捉妖》等手游。三星堆博物馆还与金典、吉利汽车等20多个品牌进行合作，先后与剑南春联名推出"青铜纪"白酒礼盒，与天猫旗舰店携手推出三星堆数字文创头像。下一步，三星堆博物馆还将与鸿星尔克等企业推出联名系列产品。

3. 经验启示

三星堆博物馆的成功，为我们提供了如下几个方面的启示。

其一，深挖文化内涵，让博物馆文物"活"起来。习近平总书记曾经指出，要"让收藏在博物馆里的文物、陈列在广阔大地上的遗产、书写在古籍里的文字都活起来"。三星堆博物馆深入挖掘自身文化内涵，形成文化定位，并打造个性化的IP。由IP运营主导文创产业发展，体现出博物馆文化的历史价值和当代价值。通过主题定位开放与运营，让博物馆"活"起来，将传统文化带入日常生活的方方面面，不仅可以创造经济效益，也能不断扩大博物馆的文化影响力，开发更多创新项目和创新产品，拓展文旅消费新场景新体验方向，形成良性循环。

其二，培育博物馆新业态，拓展消费新渠道。三星堆博物馆以特色文化为核心，在现有馆藏文物展陈的基础上，形成综合性文化旅游平台，将文化活化为各类消费体验场景。在现有基础上，博物馆未来还将建设功能联结、相互促进、协同引流的文旅融合景区，打造吃、住、行、游、购、娱文化体验消费产业园。将博物馆文化、本地文化、旅游业紧密结合，围绕文化主题与馆藏文物，开展餐饮、绘画、雕塑、戏剧、影视、装置、当代艺术等多样化艺术形态和活动，不仅能够丰富旅游的文化内涵，而且能够实实在在地拉动消费。

其三，广泛开展合作，以数字化助推文旅深度融合。三星堆博物馆积极与科研院校、行业前沿平台合作，开拓多元合作领域及技术创新路径，将文物展陈从仅仅服务于学术研究转变成文旅融合创新产品，通过数字内容激活传统文旅资源，转化为可消费、可体验的新产品，发展全新消费体验方式。该博物馆利用虚拟现实、增强现实、全息投影、智能交互等技术，通过各类个性化模拟，以带入式情景、多感官包围、互动型叙事等方式，呈现沉浸式购物、演艺、展览、观影、用餐、旅行、娱乐等互动场景。同时将5G、大数据、人工智能、虚拟现实、超高清等数字技术运用于文旅产品的创作、生产、传播等环节，打造在线旅游、数字化产品、线上文博等新业态。

其四，围绕文化IP，以跨界融合延伸产业链。博物馆积极打造IP，并以其为基础，致力于优秀传统文化的"两创"，进行从文物到文化的二次创作，赋予文物当代艺术生命力，培育融合多种新型业态。以数字带动实体、以虚拟带动现实、以线上带动线下，虚实融合发展，实现文旅在线化、精品化、多元化、长期化运营。文化IP的价值转化途径很多，比如，数字藏品、线上文娱直播、"云游"博物馆等，未来还将围绕 IP 版权交易和授权衍生周边产品，实现跨界与全产业链延伸发展。

（八）案例 7. 龙门石窟数字孪生平台：文物保护与景区服务的数字化应用

1. 项目概况

龙门石窟始建于北魏孝文帝时期，距今已有 1500 多年的历史，现存佛龛 2300 多个，碑刻题记 2800 余块，石刻造像 10 万余尊，是中国最大的露天石刻艺术博物馆，被誉为中国石刻艺术最高峰，是国家首批 5A 级景区、全国首批重点文物保护单位。围绕龙门石窟的文物保护和历史文化的弘扬传承，本着服务游客、连接游客、传播文化、提升运营的宗旨，2021 年 3 月，龙门石窟景区启动智慧文旅数字孪生平台项目建设，并于 2021 年 8 月建成投入使用。

平台采用当今前沿数字孪生技术和人工智能技术，利用渲染引擎、交互引擎、实时光影、数字还原等技术，对龙门石窟景区周边村落进行三维建模，采用激光点云技术，对石窟区进行中精度扫描和对象化建模，真实还原其外观和纹理，达到信息留存保护、可制作仿品的目的，并综合运用物联网、大数据、云计算、人工智能等技术，建立有效统一的管理、服务、营销等信息系统，为游客提供虚实结合的互动式体验，实现各已有业务系统数据的汇集，提升景区的智能化运营水平。

2. 具体做法

龙门石窟数字孪生平台通过以下做法，实现文物保护与服务数字化。

其一，利用数字化技术对文物进行复原与保护。龙门石窟数字孪生平台充分利用数字孪生技术、云计算、物联网、大数据、人工智能、虚拟现实等技术，并采用激光点云结合倾斜摄影等技术，将龙门石窟主佛区及周边31.7平方千米的建筑、植被、景观、文物等"复刻"到线上，打造了一个人人可随时随地参观的数字化龙门石窟。与此同时，选择龙门石窟体量较大、气势恢宏、具有展示价值的整体洞窟，对奉先寺卢舍那大佛等佛像进行结构精度1毫米、纹理精度1毫米高精度还原的三维模型数据采集，快速高效实现360度全方位、高精度、高保真度复原呈现。数字化手段修复、保存文物，在最大程度上使龙门石窟造像保持其最初始、最真实的面貌。同时，该项目也为龙门石窟的数字化修复工作积累了宝贵经验，打破了文物的修复壁垒，科学还原并记录文物信息，建立数字化档案，使文物得以无差别复原、可持续呈现。

其二，数字化推动历史文化的传承与弘扬。项目借助数字化信息无限、可共享、可再生的优势，在科技助力下通过数字化技术展示、情景式的带入和沉浸式互动体验，让"文化复活"和"历史重现"，打造传承和弘扬中华优秀传统文化的新场景、新应用，为游客带来深度穿越体验和震撼，提高游客对历史文化的认知感和体验感。游客裸眼即可全方位观赏到洞窟3D模式的高清景象，并能近距离感受石窟形制、精美造像和千余年来风化造成的细微痕迹，给市民游客带来更强的视觉冲击，在体验中感受、弘扬、传承历史文化。通过数字孪生等技术对景区文化遗产景观进行数字化复原，形成数字档案，将文化遗产转化为数字资产；同时基于数字化场景，深入挖掘其文化内涵，围绕文化遗产IP打造文创生态产业链条，强化经济效益；并结合VR、AR、AI等前沿技术创新游览体验，为文化遗产注入新的生命力；最终利用新媒体传播特性，吸引游客参与景区文创IP的多元化传播营销，实现文化遗产品牌化战略，从更大维度上提升了龙门石窟的传承弘扬保护力度。

其三，依托数字孪生技术，保护与服务同步实现。该项目在数字孪生平台上叠加红外线观测数据、视频识别数据、传感器数据，结合大数据分析、AI算法，准确计算、预测出景区内各项目及景点的客流密度、客流分布、游客行为习惯等，在加强文物保护的同时，亦是龙门石窟智慧化运营管理的重要依托，实现景区资源一张图监控、设备一张图控制，通过一张图可一览景区所有情况，帮助景区利用大数据技术实现管理水平、服务质量、运营能力近30%的提升；同时，游客也能从实时信息数据中享受服务便利，不断获得旅游体验的提升。通过大数据综合分析研判，助力景区智慧化运营。

3. 经验启示

龙门石窟数字孪生平台对其他地区文物保护、文化传承、智慧管理服务、品牌化营销、提升游客体验等提供了借鉴和启示。

一是数字化技术广泛应用，提供更科学的文物保护手段。龙门石窟数字孪生平台通过智能"数字孪生"这个底座，形成平台构建的支撑技术、景区资源汇聚与整合等规范，研发支撑平台核心业务的云计算、人工智能等关键技术。该平台以数字孪生技术和时空AI技术为依托，全面融合景区全域时空大数据，实现全域资源数据共享。通过对文化遗产的数字化复原、虚拟化展示，为游客带来不同于以往的全景沉浸式、指尖云游体验，为实现文旅融合智慧化创新发展提供了有力支撑，以文旅深度融合发展促进和带动文物保护及研究质量持续提升，同时也能够提升游客对文化遗产价值的认知和体验，让"文化复活"和"历史重现"，可更好地保护和传承文化遗产。

二是整合数据资源，提升公共服务满意度。该平台通过整合景区数据资源，利用时空大数据进行综合分析研判，可以实现对景区人流、交通、服务设施等各方面的实时监控和管理，实现景区跨网络、跨平台、跨区域实时精细化、数字化管理。

从景区日常运行全时空监测到突发事件快速联动处置一站式解决，信息共享，突破单一维度"信息孤岛"，提高景区运营效率和管理水平，同时也可为游客提供更加便捷和智能的旅游服务，提升游客满意度。

三是智慧化运营管理，推动传统文旅项目转型。该平台通过传统文化元素与现代新技术新手段相融合的形式，对历史文物进行传承与弘扬，转变文物景区深沉厚重的形象，从而对各年龄群体形成吸引。与此同时，通过打造文化IP，激发文创生态产业链条，强化经济效益，并结合VR、AR、AI等前沿技术创新游览体验。可根据时空数据智能分析技术，对景区内的客流、项目设施利用率、商业销售、游客行为等数据进行全面、透彻、及时的感知、监测和分析，有效提升景区的科学运营水平及优化决策，促进传统观光型景区项目转型升级。

（九）案例8. 中国国家博物馆中华文明云展：数智赋能赓续文化脉络

1. 项目概况

智慧博物馆是以数字博物馆为基础，充分利用物联网、云计算等新技术构建的以全面透彻的感知、宽带泛在的互联、智能融合的应用为特征的新型博物馆形态。2023年11月，中国国家博物馆文物活化利用新成果——中华文明云展试点上线，该试点以"古代中国"基本陈列夏商西周时期为主要内容，数智人"艾雯雯"带领大家沉浸式观展，部分精品文物活化展示。通过数字赋能和"文化+科技"的创新融合，推动中华文明优秀成果以更加生动的形式走近观众，传承和弘扬中国文化。

2. 具体做法

一是进行全景三维建模。中华文明云展运用数字孪生技术，将博物馆实体展厅映射到数字空间，利用科技手段进行全景三维建模，在云端呈现可交互、可释读的展览，让观众突破时空限制，走进"古代中国"，沉浸式感受中华文明的历史脉搏。落实"让文物活起来"的重要指示精神，中华文明云展对重点文物进行动态活化展示。通过三维建模高度还原文物细节，并动态呈现精美纹饰、生动释读重点铭文，还用文物活化视频和互动H5等，通过深入发掘文物背后的文化内涵，讲好中国故事。

二是提供虚拟数智人智慧导览。国博虚拟数智人"艾雯雯"带领观众畅游展厅，适时互动讲解，让观众更多地参与其中，减少观展的盲目性和枯燥感，构建出立体丰富、有趣味观瞻性的智慧文物展示体系，提升了观众在线观展体验。她既是虚拟世界博物馆的形象代言人，也拥有在现实世界博物馆深入不同岗位学习的能力；既是现代社会的一名"新青年"，也是从历史中走来的一位见证者；她根植于中华民族文化基因，形成于新时代AI科技前沿；她将是观众在中国国家博物馆跨越时空的朋友。

三是提供导览路线个性操控选择。中华文明云展试点精心设计了"自由参观"和"重点讲解"两种导览路线。观众可以在虚拟展厅中自主参观，或由虚拟数智人"艾雯雯"讲解重点精品文物。观众可选择不同路线进入智慧云展厅，从不同层面感受中华文明优秀成果。为了优化观众的线上观展体验，中华文明云展在操控上尝试借鉴游戏化模式，观众可以通过键盘鼠标灵活转动视线方向，变换人物行进路线，操作便捷，沉浸感强。中华文明云展中设置了兼具知识性与趣味性的交互问答模块，包含"文物知多少""金文知多少""纹饰知多少""器形知多少"等H5互动体验。观众在畅游云展的同时，还能学习了解文物知识，寓教于乐，融学于趣。

3. 经验启示

深入贯彻落实习近平总书记"让文物活起来"的一系列重

要指示精神，创新展览展示、推动文物活化利用，落实文旅部"十四五"文化产业发展规划中"上云用数赋智"相关要求的新探索。同时，中共中央办公厅、国务院办公厅印发了《关于推进实施国家文化数字化战略的意见》，提出要发展数字化文化消费新场景，大力发展线上线下一体化、在线在场相结合的数字化文化新体验。众多文博单位加入文化数字化的快车道，呈现方式越来越数字化、智能化。

本案例在以下几个方面的做法值得同类型博物馆或文化场所借鉴。

其一，利用人工智能，开启文博"上云用数赋智"新的打开方式。中华文明云展打造了一个线上的古代中国展厅，为了让更多的人在家里就可以直观地感受整个展厅的形象，增进与观众的亲近感，引入数智人去带着观众参观。依托数字孪生技术，使数智人动态活化和文物展陈场景有机融合，借助三维与实景视频合成渲染技术，让数智人走进现实场景。在数字孪生的云展空间中解锁智能语音讲解功能，对文物进行实时检测和虚拟修复，并为其创作更具个性化的服务内容，让观众畅游"文化中国"，感知沉睡千年的文物在数字时空醒来的惊喜，助力赓续文化脉络、坚定文化自信。因此发挥数智人独特优势，打破时空限制，通过虚拟直播、虚拟导游、裸眼3D、3D虚实互动等方式，推动虚拟数字人在文博和文旅领域规模化落地。

其二，通过智慧赋能，元宇宙释放文博场所新力量。文化和旅游部等五部门印发了《元宇宙产业创新发展三年行动计划（2023—2025年）》，元宇宙是数字技术的集成，利用AR增强现实技术的数字重现、沉浸式虚拟人体验系统、裸眼3D结合高精度数字三维技术带来的灵动观感，实现现实与虚拟的链接，使越来越多的数字产品出现在文化产业之中。将混合现实技术融入博物馆或文化遗址的参观导览、文物内涵阐释及文博研学体验中，通过文物微痕扫描、数字3D文化遗产建模、数字博物馆

VR内容体验等"虚实共生"方式，让古籍文物、博物馆、知名景区景点在数字技术的加持下活化、保存。观众通过手势识别、全息虚拟触控，即可获取可视化、可体验的文化遗产全息数字演绎。拓展更多新场景，打造文化与线上场景、线下实物相结合的交互体验，在提高人们文旅体验的同时，帮助文博场所降本增效、提升服务水平、弘扬中华优秀传统文化。在促进传统文旅行业产业价值与商业价值"活起来"的同时，也为观众创造出独特的沉浸式交互消费体验、释放新生机新力量。

其三，借助数字科技运用，推动文旅产业转型升级。以数字技术传播中华优秀传统文化，坚持守正创新，让传统内容与现代科技相融、相通，丰富文化艺术表现形态及体验场景。将"虚拟现实和增强现实"列入数字经济重点产业，以数字化转型整体驱动生产方式、生活方式和治理方式变革，催生新产业、新业态、新模式，壮大经济发展新引擎。通过融合元宇宙、交互技术等多种技术为文旅产业数字化提速，拓宽文旅行业业务场景，实现虚拟与现实相互交融的去中心化场景，推进数字基础设施建设，从而赋能文旅数字经济建设，打破时空界限，打通文商旅复合业态场景，实现资源重组、业态重构，助力文旅产业升级与创新发展。具体建议如下：大力推进文化数字化工程，在文化领域运用新技术、新产品、新模式，让传统文化和历史文化因为数字技术加持、跨时空交互走进日常生活，同时得到更广泛的传播弘扬。有序推进数字图书馆、数字文化馆、数字展览馆和古籍文献中心等场馆的建设，创新云展览、云直播、云旅游、云服务、云课堂等数字产品，拓展文化场所服务范围，促进服务形式与内容的多元化，提升服务质量，更好地满足群众的文旅需求，使云服务技术与线下的服务形成现代服务"两翼"之势。围绕动漫、游戏、交互设计等科技应用场景，推广3D景观、VR体验、游客交流互动等虚拟旅游产品，打造智能化、定制化、即时化、多样化、互动化、场景化文旅产品，系列数字文旅特色 IP 等。

（十）案例 9. 全国文化大数据交易中心：优化国家文化资源配置的关键

1. 项目概况

全国文化大数据交易中心是由中宣部牵头，经中国证监会、国家发展改革委、文化和旅游部等六部委联合签署意见，由中央文化体制改革和发展工作领导小组办公室批复同意建设的唯一一个全国文化大数据交易中心，是推动公共文化数字化建设、实施文化产业数字化战略、建设社会主义文化强国的重要方面。

全国文化大数据交易中心由深圳文化产权交易所承建，于 2022 年 8 月 31 日上线试运行。该交易中心交易标的聚焦文化数据，同时汇集文物、古籍、美术、地方戏曲剧种、民族民间文艺、农耕文明遗址等资源，通过底层关联服务引擎和应用软件标识进场，通过各类数字化生产线解构具有历史传承价值的中华文化元素、符号、标识等文字、图片、视频、音频、多媒体与其他要素及要素权益进行交易。此外，全国文化大数据交易中心交易面向全社会各类符合进场的交易主体开放，包括公共文化机构、高校科研机构、文化生产机构和个人。

该交易中心的建立旨在服务于国家文化数字化战略，推动国家文化大数据体系建设，挖掘和盘活中华优秀传统文化资源，推动文化机构的数字化转型，培育新型文化消费业态和方式。该交易中心的建设，将充分发挥其在场、在线交易平台优势，接通国家文化专网，疏通供给和需求，破除文化数据要素的市场分割，加快推进政府间、部门间及市场化主体间的文化数据要素市场融通。

2. 具体做法

"全国文化大数据交易中心"主要通过以下做法，搭建一个集数据获取、整合、分析和交易功能于一体的平台。

其一，聚焦文化，盘活存量。全国文化大数据交易中心交易标的聚焦文化数据，交易标的分文化资源数据和文化数字内容两类，按范围分为中华优秀传统文化、革命文化和社会主义先进文化三大类。按照"物理分布、逻辑关联"原则，汇集文物、古籍、美术、地方戏曲剧种、民族民间文艺、农耕文明遗址等资源，通过底层关联服务引擎和应用软件标识进场，通过各类数字化生产线解构具有历史传承价值的中华文化元素、符号、标识等文字、图片、视频、音频、多媒体与其他要素及要素权益进行交易。截至平台试运行启动时，已有超过百万数据进入平台待委托交易。

其二，专网交易，互联网分发。区别于其他数据交易场所和文化要素交易机构在互联网端交易的方式，全国文化大数据交易中心实行国家文化专网内网交易与互联网分发。依托现有有线电视网络、广电 5G 网络和互联互通平台，部署提供统一且唯一编码注册和解析服务的技术系统，实现专网与互联网跨域、从文化资源数据交易到文化数字内容的分发。

其三，数据超市，面向全社会。全国文化大数据交易中心交易面向全社会各类符合进场的交易主体开放，包括公共文化机构、高校科研机构、文化生产机构和个人。交易的数据分公共文化数据和商业数据两大类，商业数据的权属主体可以在交易中心数据超市下开设自己的专业店铺，分旗舰店、专营店、大师店、城市馆和家族馆。

其四，交易引擎与交易生态。全国文化大数据交易中心通过交易引擎链动整个交易生态，从文化专网内的核心交易引擎链接到场内交易主体、场外关联主体、数字化生产线、线上线下文化消费场景、国内国外相关市场，打造服务于文化数据生产与应用的交易生态，面向国内与国际范围开展文化数据交易业务及与交易相关的服务业务。建设国家文化大数据体系，是中宣部主导、中央各相关部门通力合作、全国宣传文化企事业单位和全社会广泛参与的国家级工程，而全国文化大数据交易中心则是国家文化大数据体系的重要组成部分和核心动能与引擎。

3. 经验启示

全国文化大数据交易中心的建设，有以下几点经验值得借鉴。

其一，要确保文化数据的准确性和完整性，建立起健全的数据验证和审核机制，并加强对数据供应方的监督和管理。全国文化大数据交易中心汇集文物、古籍、美术、地方戏曲剧种、民族民间文艺、农耕文明遗址等资源，通过底层关联服务引擎和应用软件标识进场，通过各类数字化生产线解构具有历史传承价值的中华文化元素、符号、标识等文字、图片、视频、音频、多媒体与其他要素及要素权益进行交易。其收集资源如此之多，来源如此之广，这就需要建立起健全严格的审核机制，针对不同的资源，需要确保数据的准确性和完整性。

其二，鼓励文化机构和相关企业将自己的文化数据资源开放共享，促进行业内的合作和创新。在此过程中，全国文化大数据交易中心形成了数据超市，面向全社会各类符合进场的交易主体开放，包括公共文化机构、高校科研机构、文化生产机构和个人。鼓励符合进场的交易主体开放资源共享。此次全国文化大数据交易中心首批进场的机构包括中国数字文化集团有限公司、国家图书馆出版社、雅昌文化集团、视觉（中国）文化发展股份有限公司、保利影业投资有限公司、中国音像著作权集体管理协会、央广新媒体文化传媒（北京）有限公司和华科文创（深圳）有限公司等。

其三，在数据交易和分析过程中，应注重用户的隐私保护，遵守相关法律法规，确保数据的安全性和合规性。用户的个人信息和隐私是其基本权利，数据交易和分析如果没有适当的隐私保护措施，可能会导致用户隐私泄露、个人权益受损。在此过程中，应注重用户的隐私保护，防止用户隐私泄露。在数据交易和分析过程中，数据的安全性也非常重要。未经授权的访问、数据泄露、篡改等安全问题可能给用户和企业带来重大损失。因此，采取适当的数据安全措施，如加密、访问控制、安全审计等，能够有效保护数据的机密性、完整性和可用性。

（十一）案例 10．"乐游京津冀一码通"：智慧文旅平台促进区域协同发展

1. 项目概况

习近平总书记考察河北时强调，要加快推进公共服务共建共享，深入推进京津冀协同发展。近年来，京津冀三地积极推动资源共享、项目共建、品牌共推、市场共拓，打造京津冀文化和旅游发展协同体。以提升京津冀旅游便利度和改善服务体验为导向，秉持"政府主导，市场运作，多方参与"的建设运营模式，三地共同打造"乐游京津冀一码通"智慧平台，并于 2023 年 4 月 29 日正式上线。平台整合京津冀景区、酒店、民宿、博物馆、图书馆等资源，运用云计算、大数据、虚拟现实、地理信息等技术，实现资源共享，并提供信息查询、产品预订、权益福利、活动展示等服务。该平台涵盖吃、住、行、游、购、娱等要素，实现"一码在手，服务全有"。"乐游京津冀一码通"自上线以来，注册量近 100 万，平台访问量超千万。

2. 具体做法

"乐游京津冀一码通"通过以下做法，一站式、便捷化、高质量地满足游客全过程需求。

其一，建立公共服务信息资源库。为满足游客出行一站式服务需求，"乐游京津冀"在以下几个方面做出尝试：一是包含1400余条行程推荐、10万个点位交通导览、3500余个特色视频展示等，为游客提供精细化的导游导览导购服务，让游客"一码在手，畅游京津冀"；二是建立河北文化、艺术、戏曲、非遗等公共文化资源库，搭建"河北有礼"专区，打造"VR河北"专区等，满足游客个性化服务需求；三是在黄金周、小长假、寒暑假、节会等人流密集的重大节点，通过自身平台检测及行业合作，为相关部门和企业提供数据分析报告，为决策提供依据，同时为游客的便利出行、便捷消费、舒适体验提供服务。

其二，不断优化服务场景。"乐游京津冀"覆盖京津冀三地的旅游资源，广泛吸纳京津冀三地506家景区、164家酒店和民宿、42家旅行社的旅行线路、53家剧场演出剧目以及576家博物馆和图书馆。借助该平台，相关机构积极开展形式多样的电商活动，为游客提供实惠多样的乐游消费服务。平台先后组织了"五一黄金周消费节"、"假期就要游河北"大学生专区活动、"暑期亿元消费券来袭"等活动。

其三，坚持合作共建。该平台按照"政府主导、市场运作、多方参与"的思路建设而成，广泛吸纳优质企业参与，积极开展异业合作，汇聚整合多行业资源，拓展旅游服务产品，扩大公共服务覆盖面。该平台还打造了"一码通"权益中心，按周发放银行无门槛折扣券，按月发放无门槛话费券、打车打折券包、加油满减券等各类权益，实现"价格更低、服务更好、使用更方便"。

其四，发挥惠民作用。"乐游京津冀一码通"平台以游客需求为中心，推进线上线下文化和旅游服务融合，利用数字技术和融媒体技术，全方位、数字化呈现文旅资源。近期先后开展线上惠民"云直播""云展演"，全程直播"5·19中国旅游日""中国坝上草原欢乐季""全国民族器乐展演"等活动，让游客足不出户观看大型活动，弥补购买不到门票带来的遗憾。同时，平台与多个线下活动联动，推出专属优惠权益的方式，联名"毕业旅行冀""河北文旅进清华""我为家乡美点赞"等活动，通过现场发放周边、设置现场优惠领取专区的方式，让文化艺术与智慧文旅服务相结合，融入百姓生活，为市民游客提供便捷化、有品质、有温度的智慧旅游服务。

3. 经验启示

在实现京津冀地区文旅协同发展方面，"乐游京津冀"发挥了资源互补性、旅游服务功能优化、产业协同发展等作用。在既往资源共享、客源互送、线路互通、市场共建等工作的基础上，不断提高数字文旅平台服务水平，推广更加精细化、个性化的数字导游、导览、导购等智能化旅游服务，发展小众定制、网上云游等。其做法对其他地区具有以下启示意义。

其一，强化互补协同，丰富产品供给。基于区域性智慧文旅服务平台，相关部门和主体可全面分析市场特点，持续优化更新旅游产品供给，打造更多复合型、多维度、多业态文旅产品，如旅游线路、研学产品、特色攻略、打卡推荐等。与此同时，相关主体借助新兴科技手段，不断挖掘景区、非遗等文旅资源的内在价值，通过VR体验、文创商品、线上云游等方式推动文化与游览、演出观赏、艺术品鉴、城市品读的组合产品创新，并通过文旅赛事、节庆活动、品牌宣传、特色住宿、美食体验等形式，实现区域"破圈强链"发展。

其二，强化科技应用，提升服务质量。通过"互联网+"

在整合提升区域文旅资源、打造地域文化旅游名片以及宣传、展示、营销等方面发挥作用，可推动以地区为单一目的地的文旅公共服务与周边地区实现互融共通、共建共享，形成涵盖吃、住、行、游、购、娱等领域的旅游出行、玩乐咨询、文化信息、特色消费的"百科全书"。与此同时，可运用互联网、大数据、云计算等进行数据分析、客流疏导和景区服务；可精准进行游客画像，实现游客消费的智能化匹配；以数字化提升景区景点、餐饮住宿、购物娱乐等服务质量与水平，为管理部门和企业提供有价值的决策依据；可充分发挥线上交流互动、引客聚客、精准推送等优势，实现旅游产品的精准推广，引导线上用户进行线下消费。

其三，发挥平台优势，健全协同机制。"乐游京津冀"的例子证明，加快旅游数字化服务功能全覆盖，通过区域数据整合、数据开放共享、统筹应用等，能够打破数据壁垒、加快要素流动、强化数字赋能，形成区域旅游服务综合信息库，实现区域文化旅游动态化监测和智慧化监管。基于平台大数据的收集、整理、分析，可精准把握文旅市场的消费规律，联合开展营销；平台入驻或关联的企业单位可制定统一的服务标准，主管部门以游客满意、监管高效、企业增益的原则，引导文化和旅游产业健康发展。

（十二）案例11. "智"旅分销平台：优化旅游产业链结构与服务质量

1. 项目概况

随着文化和旅游领域数字化进程加快，旅游需求分层、旅游消费升级，文旅发展新机遇悄然而至。为满足用户的多元化需求，春秋旅游通过开发数字赋能"智"旅分销平台，以分销赋能、盘活私域流量为核心导向，围绕线上线下融合、产业链上下游融合等方面进行整体功能设计，显著提高了旅游企业（中小旅行社、景区）内部运营管理效率，明显提升了用户体验，提高了用户满意度。

目前，平台已入驻企业405家，可售产品数超过1万个，发展微店1.7万家，累计销售额为5000万元，累计服务70余万人次，并帮助落地实施多个景区智能化建设，包括协助完成盐城九龙口景区、崇明玉海棠景区、上海都市观光巴士等文旅企业的智能化建设项目。

2. 具体做法

"智"旅分销平台，主要通过以下做法来满足用户的多元化需求。

其一，推进"互联网+旅游"发展，促进商产销融合。数字赋能"智"旅分销平台作为春秋旅游探索创新技术方面的应用平台，以互联网、大数据等新一代信息技术为基础，以旅游企业转型便利性为出发点，将旅游企业的供应链管理、商品管理、运营管理、销售管理、对接管理、用户管理、素材管理、财务结算及BI管理系统等方面的数据进行整合、打通、串联，为中小旅游企业提供了安全、高效、便捷的智慧化服务。

其二，以私域流量运营为抓手，实现全时全域分销。数字赋能"智"旅分销平台致力于解决传统旅行社在数字化转型过程中遇到的渠道端应用开发难度大、用户获取成本高、线下宣传力度小、产品表现形式单一等痛点。平台以门槛低、成本低、入口丰富且名称具有唯一性、高辨识度的微信小程序为抓手，帮助旅行社结合自身在人力服务上的优势，探索创新技术的应用，优化服务流程，打通线上线下产品系统，管理客户关系，并对产品进行宣传、推广。平台还串起了微信社交和支付功能，让旅行社在小程序形成的"微信闭环"中实现盈利。用户可根据自身需求选择供应商或成为供应商，对店铺进行管理、运营及推广，包括前期的咨询策划、定位，后期的产品设计、供应链管理、资源共享和产品赋能。

其三，适配个性化需求，助力文旅企业智能化建设。平台已经帮助实施落地多个景区智能化建设项目，其中，上海都市观光巴士内部智能化建设已呈现出新业务、新模式、新业态相融的鲜明特点。观光巴士结合新业态线路"建筑可阅读""城市微旅行""红色之旅""海派城市考古"等，实现了实时客流分析、景点智能讲解等功能。乘客通过手机"扫一扫"，即可获取巴士沿线所有经典历史建筑名单，点击其中一幢建筑，便能阅读文字、收听语音导览信息。车上还放置了"建筑可阅读"免费手册，满足了游客随时了解观光路线、历史文化等需求。通过"智"旅分销平台，企业不仅不用再单独开发系统，还可以将门票销售系统和周边的民宿系统打通，更可以将景区内的门票销售、礼品销售、餐馆等全部打通。客人只要有需求，都可一站式解决，甚至不同商户间可以实现互荐组合销售，如购买纪念品可以享受餐厅九折优惠等，有效拉长了消费链，帮助企业增加销售额，提高利润。

3. 经验启示

数字赋能"智"旅分销平台提供了集文旅产品开发研究、产品设计、营销推广、产品供应链管理等于一体的全过程创意产品开发和供应服务，不仅能帮助中小景区开展智慧景区建设工作，还能助力景区解决"资源单一化、服务浅层化"问题，高效形成以景区周边产品和服务为抓手的"泛景区目的地"平台。基于此，有以下几点经验值得借鉴。

其一，利用智能化技术，如大数据分析、人工智能等，提升平台的智能化水平，从而提高用户体验和销售效果。例如，在上海崇明玉海棠景区用上了"智"旅分销平台后，目前已经接待了十多万人次的游客。

其二，与旅游产品供应商、分销渠道和数据分析机构建立良好的合作伙伴关系，实现信息共享和互利共赢。"智"旅分销平台依托生态合作伙伴实现战略发展，通过联通产业链上下游以及游客端，带动了智慧景区等相关行业发展。数字赋能"智"旅分销平台积极创造本地文旅新空间，将"互联网＋旅游"概念融入其中，将每个景点、故事串联起来，游览形式从导游说、游客听，扩展到了剧本杀、难题解密等高参与度模式，文化学习也从听故事、看风景扩展到了看话剧、走进特色酒店等多种形式复合的文化享受。

其三，始终将用户需求放在首位，通过不断优化产品功能和界面设计，提高平台的易用性和用户满意度。该数字应用终端的出现，使游客深切感受到了数字化带来的便利。2023 年，春秋旅游在全国陆续开辟了 30 多个"春野秋梦"露营地。游客进入营地公共休息区，只要扫一下小桌上的二维码，下单付款，景区小卖部便会在后台收到订单信息，马上派服务员将物品送到客人手中。如果客人看中了帐篷内可爱的玩具，也可以通过扫码付款"据为己有"。在上海街头，不时可以看到亮丽的双层观光巴士驶过。目前，在五卅运动纪念碑站，举起手机扫一下观光巴士站的二维码，手机上就能显示所在城市的位置。点击进去后，不仅有观光巴士一日游票可以购买，还有"建筑可阅读"的蓝色专线票和中共一大纪念馆、中共二大会址纪念馆、中共四大纪念馆景区专线车的红色车票可供选择。页面中还有各条观光巴士的路线介绍、运营时间、购票须知等资讯，还能实时查看观光巴士抵站时间。该平台利用微信小程序，把用户的需求放在首位，让用户更加容易上手，在提高服务质量的同时，也提高了效率。

（十三）案例 12. 智慧甘图综合管理平台：科技促进图书馆要素高效利用

1. 项目概况

智慧甘图综合管理平台是甘肃省图书馆与安徽省安泰科技股份有限公司联合研发的面向大型图书馆的服务和运营的智慧管理应用平台。平台以"资产透明化、流程数字化、保障精细化、管理智慧化、服务优质化"为目标，采用先进的智能信息采集技术、数字孪生技术和大数据技术，通过构建基于微服务架构的图书馆数据中台，实现对图书馆业务、环境、资产、人员、过程等要素的透彻感知、全面互联、广泛共享与可视化管理，在数字化基础上提升大型综合性图书馆的效率和服务质量。

平台于 2020 年 11 月正式启动研发，2021 年 7 月通过验收并上线试运行。上线运行以来，有效简化了工作流程，节约了运维成本，在优化场馆管理、改善阅读环境、提升阅读体验方面效果明显，具有较强的示范性、推广性和可复制性，为各类公共文化场馆的智慧化建设和管理提供了参考。目前，智慧甘图综合管理平台入选文化和旅游部"2022 年文化和旅游数字化创新实践优秀案例"。

2. 具体做法

甘肃省图书馆紧跟国家文化数字化战略步伐，以总馆西区智能化建设为契机，开展了智慧图书馆大讨论，认为智慧图书馆建设是一个信息综合体，是大数据、人工智能等新技术与图书馆管理与服务场景深度融合的结果。由此提出"技术融合、数据融合、业务融合"和"跨部门、跨业务、跨系统、跨地域、跨层级"的智慧图书馆建设原则，借此推动图书馆管理和服务提质增效。其具体做法涉及以下几个方面。

其一，服务数据的实时呈现。平台整合原有的业务管理系统（业务管理、读者服务、各类资源数据库等）、行政管理系统（办公、人事管理、财务管理等）、后勤管理系统（会议、广播、食堂、安防、门禁、停车场等）、智能化设备（自助服务设备、智能机器人、电子阅读机、VR设备等）、网络设备、楼宇机电设备等数据，通过建立图书馆数据融合中心形成统一的数字化图书馆孪生体系，并在此基础上提供服务于不同类型用户的图书馆业务应用商城，从而实现数据采集、数据传输、数据融合存储以及创新应用集成的目标。这样就可以实现信息资源一站获取、设备状态一图呈现、工作进展一键掌握、评估结果一目了然，形成以大数据为基础的图书馆管理体系，达到管理能力智慧化的目的。读者服务平台实时呈现环境数据、运营数据、借阅排行、热门新书推荐等信息，读者可获取信息浏览、图书预约、阅读导引等服务。同时，还可通过智慧大屏实时展示图书馆举办的各类讲座、展览、沙龙等读者活动，吸引读者参加。

其二，基于读者画像提供精准服务。根据读者的个人信息、到馆频次、行为偏好、借阅内容、各项指标的排名等信息进行读者画像分析，实现针对群体和个人的新书推介与知识定向投送，可使服务更加个性化、精准化、智能化。面向读者层的资源一体化服务功能。通过PC端或移动端操作，读者可享受馆藏资源一站式检索与借阅、基于内容和读者画像的个性化推荐、云借阅、3D导览等服务。此外，平台还可通过设置于总馆区服务大厅的电子大屏实时展示各类监测数据，为到馆读者提供阅读指南和信息浏览功能，为业界同行参观交流提供业务运行数据和馆情展示。

其三，各类资源的便利检索。将纸质资源和数字资源进行初步整合，读者通过统一的检索入口，即可查询图书馆书目资源和全部有访问授权的信息资源。智慧甘图综合管理平台是智慧图书馆建设的数字化创新性实践，自2021年7月上线运行以来，有效简化了工作流程，节约了运维成本，降低了管理的难度和风险，实现了图书馆各类信息系统的高效衔接，初步形成了数据驱动流程优化、数据驱动业务增长、数据驱动服务创新、数据驱动管理变革的崭新局面，在图书馆数据开放、智慧服务、科学管理、循证决策等方面发挥了积极作用。

3. 经验启示

基于智慧甘图综合管理平台这个案例，可以得到以下启示。

其一，准确把握数字化发展的时代大势，明确提出数字文化建设的目标要求，紧跟国家文化数字化战略步伐。随着信息技术的快速发展，图书馆使用的信息系统与设备日趋繁杂，各种业务系统、数字资源、智能应用的场景、数量和规模不断攀升，呈现出系统部署分散、管理维护困难、数据标准不统一、利用难度增加等特征。智慧图书馆应打通整合场馆建筑、设施设备、文献资源、馆员和读者等要素，通过无处不在的感知与连接，凝聚"合"的智慧，实现触手可及的智慧服务。

其二，大型图书馆数字化建设"三全"管控理念，即全要素、全业务和全流程。平台从为图书馆管理者提供科学决策的角度入手，将重点放在对各类现有运营数据的获取、分析上。在此基础上，引入读者视角，进一步谋求资源的获取便利与服务质量的有效提升。智慧甘图综合管理平台依据公共图书馆建设标准和服务规范中的考核指标和评价标准，对图书馆全业务、全流程、全要素进行统计分析、量化评估以及可视化展示，供实时查阅调用，为科学决策提供支持。并根据统计分析结果，结合年度目标任务执行情况、各业务部门的工作职责，对业务工作进展进行跟踪问效；实时监测楼宇机电设备、网络设备、安保设备、停车场、自助服务设备、环境监测设备等的运行数据及变化趋势，发现故障及时告警，并对维修过程进行全程跟踪。通过PC端或移动端操作，读者可享受馆藏资源一站式检索与借阅、基于内容和读者画像的个性化推荐、云借阅、3D导览等服务。此外，平台还可实时展示各类监测数据，为到馆读者和业界同行提供必要信息。

（十四）案例13. 北京智慧旅游地图：以平台带动旅游公共服务变革

1. 项目概况

北京智慧旅游地图是一款由北京市旅游发展委员会和北京市科技委员会共同主导开发的智能旅游地图应用。其目的在于加强各类旅游公共服务的信息化统筹，优化旅游公共服务内容供给。为此，北京市文化和旅游局持续完善"北京智慧旅游地图"公众号，利用微信平台，以虚拟导游为核心，为市民游客提供信息齐全、优质高效、便利惠民的旅游公共服务资讯。

该应用充分利用人工智能、大数据、云计算等先进技术，针对游客出行需求和旅游资源分布特点，构建了覆盖全市的"一张图、一条路、一句话"的旅游信息服务系统。用户可通过手机App或微信公众号实现多种语音、图像识别、自然语言处理等功能，快速、准确地查询景点信息、路线推荐、美食住宿、在线导游等服务。

2. 具体做法

"北京智慧旅游地图"公众号定位于智慧旅游出行，围绕吃、住、行、游、娱、购六要素，设置智慧地图、虚拟导游、设施查询三个版块，不断探索智慧旅游服务模式，为市民游客提供游前、游中、游后一站式公共服务。

其一，整合各类旅游公共服务资源和信息。智慧地图版块包含北京全方位的旅游资源信息，市民游客可通过一张电子地图，详细了解到全市等级旅游景区、红色旅游景区、无障碍旅游景点、冰雪旅游景点的基本信息。"线路推荐"二级菜单涵盖了北京必游景点、特色胡同、夜游地标以及热门旅游资源等内容，提供"漫步北京"城市休闲文化游主题线路，引导市民游客深度逛京城，探访中轴线文化之美。

其二，提供在线游览的智能化服务。虚拟导游是"北京智慧旅游地图"公众号的核心服务版块，运用 VR 技术打造手机端 360 度游览服务。市民游客可通过掌上地图，聆听旅游景区（点）的文化历史底蕴、风物杂谈等，不仅足不出户便可身临其境，也显著提升了旅游出行的体验感，实现了"步步有文化、处处在游览"。目前，该公众号为 212 家等级旅游景区、73 家红色旅游景区、35 家全国乡村旅游重点村（镇）、5 家夜间文化和旅游消费集聚区、长城以及大运河国家文化公园等旅游资源提供 VR 影像、虚拟导游及语音介绍服务，已成为北京最齐全的旅游景区虚拟导游数据库。

其三，提供精准化的公共服务，真正实现"一键到位"。该平台提供的设施查询包括旅游厕所、停车场、游客服务中心、AED（自动体外除颤仪）等公共设施，市民游客可通过当前定位，轻松找到周边最近的设施并导航前往，实现设施位置查询"一键到位"。目前，该公众号已实现 1388 个旅游厕所、371 个停车场、215 个游客中心、100 个 AED 的位置查询，基本覆盖了全市旅游景区常用的公共服务设施。考虑到老年人、残疾人等特殊群体的需求，该公众号还对旅游景区的家庭卫生间、无障碍设施、无障碍游览路线等信息内容进行数字化改造，让特殊群体在线即可直观、全面地了解旅游景区的无障碍信息。同时，该公众号与百度地图 App、全市 120 急救中心 AED 地图、北京通 App 以及北京旅游网等平台网站相关联，提供数据支撑，从多层面、多角度为市民游客参与旅游活动提供便利。

其四，提供及时化的信息更新。该公众号根据北京文化旅游资源特点，结合传统节日、节气文化、季节特点以及相关文旅活动等信息，定期向市民游客推荐当季出游指南，漫步京城、老店探访、赏花观鸟、户外登山等主题游玩信息。市民游客不仅能够收获最新最全的北京旅游热点信息、好玩资讯，还能跟着旅游达人的足迹，寻找最有意思的玩法、路线。

3. 经验启示

从北京智慧旅游地图的开发中可以看到，人工智能技术在旅游行业的应用越来越广泛，能够通过技术带动旅游公共服务的变革，从而极大地提升用户旅游体验。具体来说，以下几点经验值得借鉴。

其一，通过引入新技术来改进旅游公共服务。通过云计算等技术实现数据共享、存储和实时更新，智慧地图的虚拟导游功能目前可提供本市 216 个等级景区和 91 个红色旅游景区的语音导览。市民游客可通过掌上地图聆听讲解，还能预览景区特色资源，制定线下观览攻略。图像识别技术，用户可以通过拍照识别景点，并获取相关的旅游信息；搜索推荐技术，根据用户的个性化需求，提供准确的旅游推荐和资讯。此外，还有导航技术，根据用户的位置和目的地，实现导航功能，帮助用户快速到达目的地。

其二，建立完善的数据管理系统，通过云计算等技术实现数据共享、存储和实时更新。建立统一的数据管理系统，集中管理和维护数据，减少在开发过程中的数据冗余和重复工作，节省人力和时间成本。智慧地图通过云计算等技术，将数据存储在云端，并实现数据的实时更新和同步，避免信息滞后和错误决策。因此，在以后相关旅游景点的开发中，建立完善的数据管理系统，并通过云计算等技术实现数据共享、存储和实时更新，能够提高数据管理效率，促进信息共享和协作。

其三，不断优化用户体验，升级技术和服务内容。例如，引入更加智能化的语义理解、推荐算法、语音合成技术等，增加在线导游服务，并将服务拓展到更多的平台中，如小程序、智能音箱等。北京智慧旅游地图注重提供用户友好的旅游信息服务，通过整合各类旅游资源，为用户提供个性化的旅游推荐和定制化的行程规划，从而提升用户的旅游体验。并通过手机 App、微信公众号等多个渠道提供旅游服务，满足用户在不同场景下的需求，提高用户的便利性和满意度。

（十五）案例14. 黄山区全域智慧管理系统：以数字科技助力政企协作

1. 项目概况

黄山市"乐游黄山区"全域智慧管理平台项目是由黄山市旅游委员会与科技局联合主导开发的智能旅游服务系统。该平台致力于解决旅游行业中存在的信息交互不畅、资源分散、服务质量难保障等问题，充分利用人工智能和云计算等技术建设了覆盖全区的智能旅游服务体系。用户可通过PC端、移动客户端等多种方式，准确、高效地获取景区信息、交通出行、酒店预订、旅游推荐等全方位服务。

开发该项目的主要目的是运用现代科技加快旅游领域的转化应用，完善行业运行监测体系，形成集客流信息、产品、交通、监控、预警等为一体的全域旅游大数据平台，打造黄山区本地业务预订体系；实现全区景区、酒店、民宿等业务在手机应用端的预订和支付闭环，以图文、短视频、智慧地图、声音剧等科技展现形式将黄山区的旅游资源数字化；完善全区公共服务体系，运用多元的数字化展现形式如手绘地图、VR全景、语音讲解、自动定位、游览线路推荐、智能客服、趣味故事声音剧、文旅攻略、自驾游等功能，更智能、更全面、更便捷地将区域旅游资源变得有趣，解决游客行前、行中、行后各环节痛点，让用户所见即所得，拥有沉浸式漫游体验。

全域智慧旅游数据管理中心于2021年9月建设，2022年4月完工，"乐游黄山区"微信小程序于2023年4月正式上线发布。

2. 具体做法

黄山市"乐游黄山区"全域智慧管理平台项目主要包括政府应用端全域智慧旅游数据管理中心和客户应用端全域通应用平台（"乐游黄山区"微信小程序）两个部分。

其中，全域智慧旅游数据管理中心包括七个方面。一是智慧旅游大数据中心。通过对文旅数据资源的汇总、对接、处理、维度转换、数据分析挖掘，构建包括文化和旅游及相关资源在内的基础资源数据库与经过数据分析和深度挖掘的文旅业务数据库，可进行文旅基础数据的采集，提供文旅资源管理系统、数据交换共享系统、数据资源目录。二是可视化智能决策分析大屏展示系统。该系统可实现：黄山区全域客流、景区游客以及游客画像等分析；黄山区舆情、传播分析、品牌评估与景区游客满意度分析；黄山区全域景区视频监控画面融合管理；展示重点景区的车位使用率、车辆客源结构、景区票务收入统计分析、实时入园人数统计分析以及酒店住宿、高速卡口车辆的涉旅产业监测分析。三是全域游客大数据分析系统。该系统可实现全域实时客流热力分布图展示、游客接待量及客源地分析、景区接待旅客统计分析、景区实时旅客分析、景区实时新增旅客分析、景区游客归属地分析、景区驻留时间分析、景区游客排行分析、游客旅游天数统计分析、景区间游客流向分析及客源地分析等功能。四是旅游舆情及满意度大数据分析系统。该系统采集监测与黄山区旅游相关的预警、热点、负面事件，保证管理者及时获取反馈，并能对事件严重程度进行分级处理，追踪事件传播势态，协助分析舆论倾向。同时可结合实际应用场景，有针对性地将旅游舆情信息进行划分，使舆情获取和分析更加智能。也可采集监测微博和各大 OTA 论坛上对黄山区各个景区的评价数据，从不同维度对采集到的数据进行量化分析，从而得到游客对景区的全面评价，以便改善管理、提升服务以及进行营销定位。五是景区视频监控融合系统。该系统整合黄山区景区监控，实现实时监控画面播放、支持分屏显示和全屏显示、视频监控画面轮播、监控设备列表展示和设备在线状态展示。六是景区运行监测分析系统。该系统对接景区智慧停车系统及景区智慧票务系统数据，展示重点景区的车位使用率、车辆客源结构、景区票务收入统计分析、实时入园人数统计分析。七是涉旅产业监测分析系统。通过整合涉旅产业数据及涉旅市场数据，该系统可实现旅游景区、旅游项目、涉旅企业、旅游人才、酒店宿客数据、高速卡口车辆来源地及车流数据等的分析。

全域通应用平台（"乐游黄山区"微信小程序）的主要功能包括：区域范围内精选酒店、民宿等服务的线上查询和预订；高铁、航班、汽车等的预订，以及厕所、医院、旅行社、停车场一键查找等。该平台有几个特色功能。一是轩辕令。黄山市民可享受 99 元游览黄山所有景区，参加"九九游太平 游礼百分百"的优惠券活动，通过小程序购买 99 元套票，随即生成电子"轩辕令"和景区地图，凭"轩辕令"一码游黄山。二是 3D 博物馆。通过 3D 扫描设备对小体积的文物展品进行全方位的扫描，通过技术手段全方位地在手机端展示黄山区博物馆 3D 展品。黄山区博物馆 3D 场馆包含《黄山区明清木雕陈列》《黄山区历史文物精品陈列》《黄山区第三次文物普查成果展》等基本陈列和临时陈列。三是太平有礼。精选特色农产品和美食设置好物榜，实现商户、商品图文信息的查看，可以线上分享、收藏、下单。四是攻略指南。把长篇攻略和短篇指南相结合，并与精品路线相结合，制作黄山区攻略、线路、游记综合入口，包括"四季黄山""探秘自然""风味太平""美食探店""景点玩乐"等模块；整合精品民宿榜、必玩景区榜、美食好物榜。五是短视频模块。通过短视频的形式介绍黄山区的秀美景色，推荐精品景点、民宿、美食，包含"玩法推荐""观山览水""美食美宿""皖美掠影"模块。六是全域地图导览。以水墨画的形式展现全区的景区、文体场馆、酒店、美食、商圈、游客中心、洗手间等公共设施，包括黄山、太平湖等5个A级景区详细地图，并对各个场所支持语音讲解。七是聆听黄山。具体包括语音讲解各个A级景区、黄山五绝、美食民宿、仙镇古村等。

3. 经验启示

从黄山市"乐游黄山区"全域智慧管理平台项目中可以看出，该智慧平台项目成功地解决了旅游行业中存在的痛点，尤其是通过利用人工智能和云计算等先进技术，提供多样化的旅游信息服务，为旅游行业带来了创新的增长点。具体来说，有以下几点值得借鉴。

其一，建设智能化的旅游服务系统，利用人工智能和云计算等技术，实现信息自动识别、推荐和导航等功能。明确旅游服务系统所要满足的需求，了解旅游行业的痛点和用户需求极为关键。比如，很多游客在旅游过程中会遇到获取景点信息不便、路线规划困难等问题，可通过建设智能化的旅游服务系统加以解决。在此过程中，也可应用人工智能技术，如深度学习和机器学习等，对用户历史数据进行分析，并进行大规模数据分析，从而提供个性化服务。

其二，整合全区各类旅游资源信息，在系统平台中实现统一管理，并通过搜索推荐等技术，提供个性化的旅游推荐和服务。建立统一的数据管理系统，集中管理和维护数据，可减少在开发过程中的数据冗余和重复工作，节省人力和时间成本。该项目的全域游客大数据分析等系统，实现了全域实时客流热力分布图展示、游客接待量及客源地分析、景区接待旅客统计分析、景区实时旅客分析、景区实时新增旅客分析、景区游客归属地分析、景区驻留时间分析,并对接景区智慧停车系统及景区智慧票务系统数据,展示重点景区的车位使用率、车辆客源结构、景区票务收入统计、实时入园人数统计等。通过整合全区各类旅游资源信息,实现统一管理系统平台,在给游客提供个性化旅游推荐和服务的同时,节省了人力和时间成本,提高了工作效率。

其三,提供多样化的服务方式,如 PC 端、移动客户端等,方便用户使用。技术上要注意实现多设备的兼容性和一致性。不同的用户,其习惯和使用场景不同。有的用户喜欢在电脑上查询旅游信息,而有的用户更愿意在手机上使用旅游服务系统。提供多样化的服务方式可满足不同用户的使用习惯和需求,提供更加便利的服务体验。

其四,不断优化用户体验,通过在线导游、语音解说、图像识别等技术,提升旅游体验,增强用户黏性和满意度。为此,可通过采用自然语言处理、图像识别等人工智能技术,包括语音识别、语义理解、图像识别、机器翻译等技术,为用户提供自动化服务。例如,可让游客通过语音交互方式查询信息,或者通过拍照来获取景点和美食的相关介绍。

(十六) 案例 15. 全国旅游服务质量监测平台:以科技推动治理现代化

1. 项目概况

为贯彻落实《"十四五"文化和旅游市场发展规划》中关于"建立以游客为中心的旅游服务质量评价体系;开发建设旅游服务质量评价系统,制定完善评价模型、指标、流程和标准;推广和拓展评价体系应用场景"的工作要求,全面提升文化和旅游市场治理体系和治理能力现代化水平,持续促进文化和旅游市场繁荣发展,经广泛调研和科学论证,由文化和旅游部信息中心统筹指导,北京酷讯科技有限公司(美团)技术开发的全国旅游服务质量监测平台(以下简称"监测平台")于2021年9月底打通全国34个省级行政区的旅游服务数据,完成前端展示看板开发和后端管理功能上线,并连续稳定运行至今。

监测平台以精准提升目的地旅游服务质量、促进旅游市场规范发展为目标,依托在线旅游服务商77亿条真实用户评价大数据,针对140个大众化旅游服务应用场景,研发推出了旅游服务质量分算法模型,有效破解了长期以来旅游市场监管工作抓手少、持续投入高、准备周期长、评估效率低等现实问题,初步实现了数据真实、算法科学、反应及时、评估合理,为各级文化和旅游主管部门开展常态化旅游市场监督管理提供了兼具科学性、时效性、准确性、易用性的数字化管理手段和评估工具。

2. 具体做法

全国旅游服务质量监测平台主要分为三个部分。一是算法模型。依托《基于大数据的旅游服务质量评价指南》,针对140个大众化旅游服务应用场景,研发推出旅游服务质量分算法模型,结合各级文化和旅游主管部门工作实际和业务需要,对接各地区、各类型旅游服务评价、游客投诉、政府监管等类型数据,开展全时、全域旅游服务质量实时监测与综合评估。同时,利用NLP分析、云计算、知识图谱等大数据手段,引入"恶意差评举报、大众评审"等多重审核机制,确保用于底层算法的用户评价数据的真实性和有效性。二是展示模块。通过数字化大屏、PC端/移动端界面,对全国或某一地区旅游服务质量数据进行实时及假日高峰监测,涵盖旅游服务质量排名及统计总览(好评率、评论数、景区排名及评论统计)、高频词云、预警提示及地图总览四项内容。展示模块已实现场景、尺寸自动适配，可针对各级文化和旅游部门监测指挥中心数字化大屏或网站页面进行快速部署。三是管理后台。该平台为各级文化和旅游主管部门开通浏览和使用权限，包含全国概览、服务质检、口碑分析、对比分析、报表导出以及监控预警六大功能。其中，全国概览页面可实时展示服务质量分级走势、评价数量及走势、好评率及预警数量，便于直观了解全部服务质量指数情况。服务质量分级走势可以看到旅游服务行业线上化服务总量以及相应的正向负向走势。全部数据可从全国下钻各省、下钻地市、下钻各旅游服务品牌（酒店业、景区等）。后台数据支持横向目的地对比，直观对比查询相应指数差异。

除了技术层面的应用，该平台还有三条创新做法，为地方旅游市场监管提供有标准参考、及时精准、便捷可视的数字化管理工具，使区域、业态、企业改进和提升旅游服务质量变得有规可依、有迹可循。

其一，响应地方需求。启动旅游服务质量监测工作的前提是要满足地方监管业务需求。文化和旅游部信息中心牵头，北京酷讯科技有限公司（美团）面向各级地方政府、文化和旅游主管部门、行业协会及业界企业进行广泛调研，全面了解相关部门在旅游服务质量管控和预警处置方面的迫切诉求，明确提出通过建立监测平台，协助地方加快构建涵盖区域、业态、企业等不同领域的旅游服务质量综合监测机制，推进监测结果创新应用，实现引导各方提升市场管理和行业服务水平的工作目标。

其二，标准制定先行。开展旅游服务质量监测工作的基础是要有科学合理的评判标准。文化和旅游部信息中心指导，北京酷讯科技有限公司（美团）联合中国标准化研究院研究制定了《基于大数据的旅游服务质量评价指南》，明确提出针对旅游目的地、单体景区、酒店、民宿等不同应用场景的旅游服务质量评价标准，为各级文化和旅游主管单位开展旅游服务质量评价、评测提供科学、明确、可行的流程和标准。

其三，创新服务内容。做好旅游服务质量监测工作的关键是要依托服务场景、创新服务内容、提升服务水平。文化和旅游部信息中心会同北京酷讯科技有限公司（美团）从安全卫生、服务体验、游玩体验、餐饮住宿等维度出发，细致划分了140个旅游服务应用场景；针对不同场景下的服务提供、服务评价、服务预警等内容进行实时监测和客观评估，客观、全面地反映了不同地区、不同时段、不同应用场景下的旅游服务质量变化趋势、游客出行体验和直观感受，对影响旅游服务质量的负面因素进行实时预警和可视化展示，便于各级文化和旅游主管部门及时获取风险信息、采取应对措施。

3. 经验启示

全国旅游服务质量监测平台通过利用大数据分析和人工智能技术，提高了政府监管效率，实现了监管执法的智能化和自动化。这对于其他行业和领域也有很好的借鉴意义，具体可借鉴经验如下。

其一，利用大数据分析和人工智能技术，对旅游服务质量指标进行监管，提高政府监管效率。同时，政府应提升其实施政策的有效性，完善投诉平台的建设和旅游从业者自查机制。该监测平台利用NLP分析、云计算、知识图谱等大数据手段，引入"恶意差评举报、大众评审"等多重审核机制，确保用于底层算法的用户评价数据的真实性和有效性。

其二，建立数据共享与协同机制。全国旅游服务质量监测平台依托《基于大数据的旅游服务质量评价指南》，针对140个大众化旅游服务应用场景，研发推出旅游服务质量分算法模型，结合各级文化和旅游主管部门工作实际和业务需要，对接各地区、各类型旅游服务评价、游客投诉、政府监管等类型数据，开展全时、全域旅游服务质量实时监测与综合评估。通过平台建立的数据共享与协同机制，有助于旅游从业者和监管机构更好地理解市场状况和市场需求。在未来发展中，更多行业也可以通过数据共享和协同机制来实现全民数据共享和深度整合。

其三，加强行业标准制定。在平台建设中，制定行业标准是非常关键的。这需要全行业的参与和共同努力。只有旅游服务质量制度体系得到完善，平台才能更好地发挥作用。

七 发展建议

利用数字化推动文化和旅游产业高质量发展，应在坚持政府引导、社会各界合作共创、鼓励全民参与的基础上，多措并举。要充分利用数据要素的融合性，发挥技术的核心驱动作用，促进数字技术与文化和旅游产业深度融合，从而促进后者的高质量发展。

（一）加强顶层设计

1. 为文化和旅游融合发展做好制度安排

文化和旅游高质量发展是一个复杂的工程，既涉及文化和旅游的融合发展，也涉及数字化与文化和旅游的融合发展，还涉及文化和旅游与其他产业的融合发展。其推进过程需要结合发展实践，做好顶层设计和制度安排。为此，要做好以下几方面工作：一是要全面梳理文化和旅游高质量发展的总体思路，出台指导意见，构建工作框架，制定工作方案，形成工作指引；二是要对文化和旅游领域的相关法律法规、管理规范、行政条例、政策要求等进行梳理，对不适应融合发展要求的内容加以修订；三是要围绕产业发展和公共服务两大领域，针对不同细分行业制定相应的发展政策；四是要建立可相互比照、彼此衔接的文化和旅游业统计体系、核算体系和政府部门工作考核体系；五是制定完善的金融、土地、知识产权保护等政策保障体系，以促进二者融合发展。

2. 统筹推动区域文化和旅游高质量协调发展

推动数字化合理发展是区域文化和旅游高质量发展的重要基础，有利于实现区域功能互嵌及发展共荣。在推进区域数字化协调演进中，既要充分认识到不同区域的数字化产业和产业数字化基础，结合发展优势和现实短板制定符合区域特征的数字化策略，也要考虑周边区域数字化政策的顶层设计，构建区域间数字经济协调推进的政策体系，[①] 探索形成东中西部地区数字化发展的优势互补机制和高效联动机制，为推动文化和旅游数字化转型奠定基础。首先，东部地区经济发展程度较高，数字基础设施相对完善，高端数字要素较集中，文化和旅游企业数字化转型较早，程度较深。要充分利用东部地区业已形成的数字化优势，通过提升技术水平和数字化功能平台，建立共享机制等，突破文化和旅游高质量发展中存在的市场和制度障碍，不断提高数字技术在文化和旅游领域的渗透率和服务效能。其次，中部地区应充分发挥其区位优势和中间桥梁功能，加强同东西部地区的数据要素整合与数字技术互嵌程度，借鉴东部地区先进的数字化转型经验，探索与自身发展基础相适应的发展模式和数字化转型战略。最后，西部地区要全面认识自身数字基础设施的不足和技术短板，培养文化和旅游领域技术兼备的人才，全面提高对知识、数据、信息等高端要素的吸纳能力，吸收东部和中部地区文化和旅游数字化转型典型案例，立足数字要素基础和数字技术短板，加大数字化基础设施的投入力度，构建文化和旅游数字化转型基础，充分释放数字化水平提升带来的红利，推动文化和旅游高质量发展。

---

① 杨博、王连：《数字化赋能公共文化服务体系高质量发展：逻辑、困境与路径》，《图书与情报》2023年第5期。

3. 制定并实施文化和旅游领域数字化发展中长期战略

《中华人民共和国国民经济和社会发展第十四个五年规划和2035年远景目标纲要》明确部署"实施文化产业数字化战略，加快发展新型文化企业、文化业态、文化消费模式，壮大数字创意、网络视听、数字出版、数字娱乐、线上演播等产业"。值得注意的是，在文化和旅游融合发展的背景下，文化产业数字化战略的制定和实施还需要关注两方面的问题。一方面，要对文化和旅游领域进行整体性考虑、规划、部署和推进，要在准确理解文化产业、文化事业和旅游业之间共性和个性的基础上，按照"能融则融，宜融尽融"的原则制定整体性数字化发展战略；另一方面，要全面理解文化和旅游数字化战略，避免简单化思维，即将其理解为对传统业态或企业中的传统部门进行"电子化""信息化"或"云化""智能化"的升级改造，而要从全局和系统层面加以认识。

借鉴张铮对文化产业数字化战略的构想，[①] 文化和旅游数字化战略应包含五个层次。一是文化和旅游产品服务数字化。即借助数字技术手段对文化和旅游资源进行开发、利用、重组、存储、传播、再现与延展，其本质是将原本需要通过非电子化物理介质或非数字化手段提供的产品和服务转化为借助数字化技术来提供的产品和服务。这一层次是实施文化和旅游数字化战略最基础的层次。二是文化和旅游企业的管理流程数字化再造与商业模式的数字化升级。科技融合引致文化要素、数据要素、技术要素作为不可或缺的生产要素进入生产流程，也直接给企业带来新的管理流程和管理思路，带来治理的深刻变革。与此同时，这个层次的流程再造还体现在技术赋予文化和旅游产业管理更加智能、更加科学合理的方式。机器人技术、深度

[①] 张铮：《文化产业数字化战略的内涵与关键》，《人民论坛》2021年第9期。

学习、神经网络、超级 AI 的发展和应用，将会使数字化技术更好地服务于文化和旅游事业与产业。三是消费者的消费行为和精神体验的数字化。即消费者通过数字技术手段对文化和旅游产品服务进行获取、体验、消费和再创造，以获得精神满足的过程。当手机、智能音箱、智能屏幕、游戏机等智能终端变成每个人不可或缺的"器官"，算力成为数字时代的基础，终端算力指数级提高而且计算场景扩展到云、网、边、端全场景，泛在计算以可见或不可见的形式无处不在。因此，文化和旅游消费有能力给消费者带来更强的实时体验、更逼真的具身交互、更奇观的感官沉浸。从需求侧来看，文化和旅游数字化就是通过硬件、软件以及算法为消费者提供定制化服务，创造虚实融合的体验。四是产业内部及外部各产业通过数字技术精益分工，重塑价值链，结构优化持续加快，动能转换提档升级。文化、旅游与国民经济其他产业间的跨界融合将更加深入、全面、广阔，科技将助力全民族文化创造活力的全方位激发，文化与其他行业的融合将从内容、载体、形式等方面的融合向生产方式、生活方式、价值理念等方面的融合迈进。五是文化和旅游管理部门与整体社会公共服务部门的协同治理、公民文化权益和旅游权利通过数字化得到更好的保障的过程。这一层次是文化产业、文化事业和旅游业的协同发展。

4. 完善文化和旅游企业数字化转型的顶层设计

企业数字化转型并非一促而成，需要经过一系列的变革才能完成。一是要鼓励企业先对自身数字化基础进行全方位评估，了解企业业务性质、位于价值链和产业链的位置，每个环节数字化应用的深度、广度和应用效果，总结经验教训，了解数字化转型的基础和阻碍。二是根据企业数字化转型现状，搭建涵盖企业生产、经营、管理等各方面的战略部署，明晰各细分领域、不同数字化转型程度的框架规划。三是根据数字化规划框架，制定详细的数字化转型方案，根据总体方案分部门、分阶段，逐步完善企业的数字化转型。四是制定数字化转型的阶段性目标和关键指标，判断数字化转型的完成程度，及时对数字化转型方案作出调整。

（二）完善政策措施

1. 建立多元协同治理机制

数字技术的高创新性、强渗透性、广覆盖性与旅游产业的高关联性、强综合性、多层次性相互叠加，使得数字经济背景下的旅游治理面临更加多元的主体、更加交错的关系、更加复杂的结构和更加广泛的领域。为此，需建立起政府机构、社会组织、行业协会、社会大众、旅游者等协同治理的制度框架；需完善旅游治理的组织体系、制度体系、运行体系、评价体系和保障体系，综合运用法律、行政、经济、社会等手段，形成多层次立体化的监管体系。

2. 修订完善行业竞争规则

传统竞争规制手段和方法大多源于工业经济原理和理论，旅游领域也不例外。这些手段和方法无法完全适应以网络效应、规模效应、多边市场、平台数据算法等为特点的数字经济的要求。因此，亟须结合数字经济的发展趋势，全面研究其对旅游各细分行业的影响，不断完善相关行业的竞争规则。在这方面，要特别关注与数字经济关联度更高的旅游平台、旅游共享监管范式，将相对优势地位、必要设施原则、流量垄断等纳入规制，重构相关市场界定分析框架和竞争规制。[1]

---

[1] 宋瑞：《数字经济下的旅游治理：挑战与重点》，《旅游学刊》2022年第4期。

3. 加强政府引导，完善文化和旅游科技创新体系

一是要加快完善文化和旅游产业领域创新体制改革制度，研究制定文化和旅游创新技术标准，为企业数字化转型提供制度保障和行为准则；同时，及时总结数字化转型成功企业的经验教训，为企业数字化转型提供针对性意见。二是要充分发挥政府推动科技创新的主体地位，继续加强政府科技创新扶持政策，激发企业技术创新活力。三是营造良好的技术创新环境，促进产、学、研、用联合创新，搭建技术信息共享平台，为企业、科研院所、大学等的技术创新提供信息交流平台，提高技术创新效率。

4. 缩小并消弭"数字鸿沟"

造成文化和旅游数字化转型应用不充分、数字化程度不平衡的其中一个原因是数字化治理体系不够完善。文化和旅游大数据监管还没有形成统一的标准，数据来源分散、数据标准和指标口径不统一，不同数据之间整合性和衔接性差，限制了大数据在不同部门之间的利用和共享。因此，应当统一文化和旅游数字化标准规范，畅通信息渠道，加强公共数据开放共享，搭建统一、开放、共享的数据共享平台，不断推动文化和旅游大数据跨层级、跨区域、跨行业的应用，为文化和旅游数字化监管和社会治理提供支持。要以现代信息技术为支撑，以国家数据共享交换平台体系为基础，搭建涵盖部门多、覆盖范围广的大数据共享平台，促进地区间信息交换水平。政府要以政策或相关措施为支撑，鼓励企业主动对接互联网平台，推动文化和旅游与其他要素融合发展。

5. 加强数字化成果产权保护

一是要完善知识产权保护制度，利用区块链技术去中心化、

可追溯和不可篡改的特性，明确产权归属，激发创新主体的创造积极性。二是明晰文化和旅游产业数字化转型成果的产权界定，厘清旅游数字化产品与后期混合数字化产品的关系，确定成果优先保护的原则，明确侵权损害赔偿制度。三是建立并完善文化和旅游产业数字产权分类保护体系，构建文化和旅游数字技术、文化和旅游数字产品、文化和旅游数字资源的分级、分类保护体系。四是加强国内外文化和旅游业数字化知识产权保护的交流合作，提升文化和旅游产业数字化产权保护的国际化水平。

6. 推进数据整合和开放共享

数字经济时代，数据是重要的发展要素和治理要素。在保证数据安全的前提下，要加快推进旅游领域的数字资源整合和数据开放共享。在数据整合方面，建议政府部门牵头组建数据使用协调机构，加强不同部门、不同主体、不同地区数据的衔接使用。在数据开放方面，要建立统一协调的政府数据开放组织架构，加大旅游主管部门政府公共数据的开放力度；同时，营造包容开放的数据文化氛围，引导相关企业、研究机构和社会主体开放数据，最大程度发挥数据的社会价值。

7. 完善公共文化和旅游服务体系

文化和旅游融合高质量发展，需建成覆盖城乡、便捷高效、保基本、促公平的公共文化和旅游服务体系，才能更好地满足市民游客的美好生活需要。一是在现有基础上，制定国家基本公共文化和服务标准体系。各地根据国家指导标准，制定与当地经济社会发展水平相适应、具有地域特色的地方实施标准，逐步形成既有基本共性又有特色个性、上下衔接的标准指标体系。同时，要建立动态调整机制，根据经济社会的发展变化，适时调整提高具体指标。二是将旅游公共服务设施与文化公共服务设施一起纳入国家公共服务体系。要结合居民区和旅游区的分布，同时考虑当地人口规模和游客流量，按照合理配置、规模适当、功能集合的原则，合理规划建设各类公共文化和旅游设施。三是要加强现有公共文化设施和旅游公共设施的整合。在继续提升公共文化服务保障水平的同时，将文化公共服务的投入、设施和服务内容同旅游公共服务有机衔接，将公共文化设施社会化运营试点同发展旅游有效结合；在文化公共服务设施中丰富旅游和教育功能，在旅游公共服务设施中增加文化内容。四是重点依托国家公共文化服务体系示范区、示范项目、城市旅游服务中心、全域旅游服务中心等，促进文化和旅游公共服务的一体化，要引导公共文化机构在服务好当地居民的同时，面向游客提供文化服务。五是要推动重点旅游区域基层综合性文化服务中心、重点旅游乡镇的公共文化服务站与旅游咨询中心、旅游休闲设施统筹建设与运营，推动城市书房、特色图书馆以及流动公共文化服务设施进旅游景区、旅游度假区，推动文化志愿服务进旅游景区、旅游度假区，将农家书屋等农村文化公共服务设施与乡村旅游公共服务设施整合，将文化志愿者和旅游志愿者队伍整合等。六是研究并制定统一的文化和旅游公共服务标准、统一的绩效评估制度和指标体系，同时建立健全信息、人才、资金、技术、知识产权等文化和旅游公共信息服务平台，完善公共信息服务数据资源共享和分级管理机制。

（三）夯实发展基础

1. 重视技术创新

以数字科技为代表的科技创新已成为重组全球要素资源、改变全球竞争格局的关键力量，也是加速产业变革、赋能文化和旅游高质量发展的核心驱动。文化和旅游企业需高度重视云计算、大数据、物联网、区块链、人工智能等数字化技术发展对企业发展的影响，充分认识技术创新的重要性，加大数字技术应用的研发投入，推动产品生产线、业务流程的改造升级，提升产品和服务质量，提高市场竞争力。政府也要鼓励企业自主或联合科研机构，探索具有竞争优势的产品和服务，建立产学研用联盟，将文化和旅游企业科技创新成果及时转化。

2. 抓好数字基础设施建设

一是要完善文化和旅游数字化转型整体基础设施体系，完善旅游目的地5G基站、文化和旅游大数据中心、云平台等基础设施建设，借助数字技术，掌握区域文化和旅游资源分布、消费行为和习惯、舆情分析、热点分析等。二是要优化文化和旅游业务场景数字化基础设施，通过数字化闸机、摄像头网络、停车场管理等数字系统准确统计景区人数和监控景区安全。三是强化数字化管理与数据资产沉淀能力，实现管理数字化，提升内部决策效率。

3. 线上线下联动

一是发挥线上平台优势，全方位、多角度宣传文化和旅游资源，不断扩大产品知名度。二是鼓励文化和旅游企业加强与主流媒体和网络新媒体、自媒体的合作，探索打造文化和旅游数字内容创作，通过线上直播等方式，发布文化和旅游信息、宣传文化和旅游产品。三是充分与酒店、商家、机场等相关线下合作商进行资源置换，联合推介。四是鼓励企事业单位完善网站、微信公众号，分享旅游和参观路线、智慧导览和个性化服务等。

（四）培育新型业态

1. 发展沉浸式体验

旅游景区、博物馆、文艺院团、文娱消费场所等文化和旅游相关企事业单位应充分抓住消费需求变化和数字化发展机遇，利用数字技术开展光影沉浸、场景沉浸、虚拟沉浸、故事沉浸、沉浸式展览、沉浸式旅游演艺等多种沉浸式体验项目，继续推动数字技术在文化和旅游重点领域与场景的应用创新，将文化传播和观众的沉浸体验充分结合，满足消费者的多元化需求。与此同时，要加强VR/AR、超高清、无人机等技术在文化和旅游领域的应用，发展夜间光影秀、全息互动投影、无人机表演等产品，丰富数字艺术形式和内容。

2. 丰富线上"云"文旅

文化和旅游相关企事业单位，博物馆、文化馆、演戏场所、景区等可通过新媒体技术、VR技术等将文化和旅游资源进行数字化转化，丰富文化和旅游云端活动，完善线上消费体验。一是要引导云演播、云展览、云旅游、云服务等新业态发展。二是剧目、剧院和剧场等要充分借助移动互联、物联网、大数据及人工智能等技术手段，通过多媒体、AR/VR、AI机器人等新兴技术，将优秀的舞台艺术搬上"云端"，让舞台艺术抛开场地和表演形式的限制，赋予优秀艺术作品更多的生命力。三是美术馆、博物馆通过推出"云展览"，在展陈形式、推广方式上进行数字化转型，充分发挥馆藏资源价值。四是发展云旅游，拓展云服务，利用信息技术手段不断增强公共服务的便利性和可及性，提高人民群众的获得感和满意度。

3. 智慧旅游产品和服务

要继续推进智慧旅游"上云用数赋智"行动计划，通过旅游空间和场景重构及数字技术的叠加，加快开发智慧旅游产品和服务，以满足群众日益增长的物质文化需求。为此，要做好如下工作：一是推进智慧旅游景区建设，全面提升景区在线预约、数字导览等智慧化综合服务；二是将数字技术融入旅游体验，开发数字化体验产品，如智慧酒店、景区扫码入园等；三是创新智慧旅游服务新体验，鼓励旅游企业结合实际情况，充分利用数字技术构建公共服务平台，提供个性化、品质化、交互化、沉浸式旅游服务，通过数字化应用平台，完善特殊游客照顾、分时段预约游览、流量监控、智能停车场等服务；四是鼓励旅游企业利用旅游大数据和数字化应用平台进行舆情监控和数据分析，进行产品和营销创新。

4. 推动数字文创产品开发

鼓励文化和旅游企业、事业单位积极开展数字文创产品开发。随着数字化技术的普及和人们对数字文化产品的需求不断增加，数字文化产业市场潜力较大。深入挖掘本土文化资源，将传统文化、民间艺术、历史故事等元素融入数字文创产品中，提升产品的文化内涵和附加值。将旅游元素融入文创产品开发中，如开发以旅游景点、历史文化为主题的文创产品，将文创产品与旅游服务相融合，提高游客的体验感和参与度。

（五）激发企业创新

1. 完善融资渠道，缓解企业转型压力

企业数字化转型是一项长期持续性工作，存在投资周期长的问题，支出和收益难以平衡。为此，政府可采取如下措施：一是设立文化和旅游科技创新专项资金，用以扶持企业数字化改革，引导和鼓励企业加大投入和技术创新；二是为企业和金融机构搭建桥梁，引导金融机构为企业数字化转型项目提供优惠贷款利率；三是采用减免税收、财政补贴等方式，缓解文化和旅游企业数字化改造过程中存在的资金压力。

2. 挖掘文旅消费需求，提升供给产品质量

引导企业深入挖掘文化和旅游消费者真实需求，利用数字

技术研究游客流量、用户习惯等各种大数据，精准研判游客行为习惯，个性化定制产品供给。为此，一是要整合数字化在线平台口碑评价和网络舆情等信息，及时发现产品问题，提升产品和服务质量，增强游客满意度；二是培育文化和旅游消费新场景，增加消费新渠道；三是持续加大优质文旅产品供给力度，打造更加丰富的产品和服务供给矩阵，更好满足多样化、个性化、品质化的文旅消费需求；四是持续优化消费环境，改善出游消费体验，不断提升人们对旅游产品和服务的满意度，激发文旅消费更大的活力，为扩大消费和内需注入新动能。

3. 打造"数字化"企业文化，助力企业数字化转型

企业一是要针对数字化转型发展框架进行组织架构和体制机制创新，构建与数字化转型发展战略相适应的组织架构和体制机制；二是要建立数字化转型的良好文化氛围，培养员工对企业数字化转型的认同感，提升员工数字素养和技能；三是通过领导力和文化建设来促进企业的数字化转型；四是在企业文化内涵中增加数字化文化，企业各业务部门形成统一的数字化文化认知；五是推动数字化文化建设，使得员工和企业更容易适应数字化转型；六是杜绝"经验主义"，以统一的数字化转型框架和阶段目标作为衡量决策及结果的唯一标准。

4. 加强数字化人才建设，完善人才培养体系

重视核心决策者在数字化转型过程中的作用。高层管理者是企业战略决策的执行主体，具有数字化思维的管理者能提高企业数字化转型的实施效果。为此，文化和旅游企业应做好数字技术人才的培养与储备工作。一是要探索数字化管理人才的多样化培育渠道，积极与高校、科研机构等通力合作，创新数字化管理人才的联合培养机制。二是要加强对核心管理人员的数

字化素养培训，合理引进具有数字技术背景的复合型管理人才，提高管理层对数字化发展的前瞻判断力，为文化和旅游企业高质量发展增能。三是要积极引进和培育具有创新精神和探索精神的实用人才，邀请国内外数字经济领域的专家进行系统化的理论知识讲解和应用指导，满足文化和旅游高质量发展的多维度数字技术要求，夯实文化和旅游内涵式发展的数字化人才基础。四是要积极开展数字经济理论知识的更新行动，按照数字技术的认知能力和应用能力等方面的程度差异，探索创新满足人们差异化、多层次需求的技术培训形式，优化文化和旅游领域技术人才的人力资本结构，为文化和旅游企业数字化转型奠定基础。五是要完善人才评价标准、制定数字化复合型人才的认定办法，制定人才支持政策，从人才的引进、培养、评审，到在产业中发挥作用，全方位把控跟踪。

5. 发挥典型示范作用，通过借鉴成功案例推动数字化转型

典型示范作用在文化和旅游数字化转型中具有重要推动作用，通过标杆企业在数字化转型方面取得的成功经验和价值成果，带动整个文化和旅游行业的数字化转型和升级。一是要强统筹，切实加强典型示范案例培育选树工作。树立典型就是树立一种导向，展示出数字化转型的方向和效果。选好典型就等于在发挥作用上成功了一半。为做好先进典型的培育选树工作，把真正能彰显文化和旅游数字化转型的有益方向和成功效果选择出来，起到典型示范作用。二是要重培养，着力营造优秀典型案例不断涌现的生动局面。注重发挥政府的引导作用，积极推动文化和旅游企业进行数字化转型探索。全方位、多形式、多层次、多维度树立示范典型，让更多类型和领域的企业有典型可借鉴。三是要强宣传，充分发挥典型的示范引领作用。典型宣传是抓典型的关键环节。通过座谈、媒体报道等形式，常态化宣传典型案例的成功经验和做法。四是要重长效，积极探

索典型案例示范引领作用的长效机制。引导企业通过参观、考察、交流等方式，学习其他企业在数字化转型方面的先进做法和经验。通过组织专家讲座、研讨会、论坛等活动，邀请数字化转型领域的专家和企业代表分享知识和经验。

参考文献

白云霞、周志权、刘新亮：《我国旅游标准化现状分析》，《标准科学》2016年第11期。

毕金玲、董淑悦：《数字化转型能助力文旅公司绩效提升吗?》，《旅游学刊》2023年第9期。

常天恺、齐骥：《中国式现代化视角下文化产业高质量发展的理论阐释与实践路径》，《治理现代化研究》2023年第3期。

陈堂、陈光、陈鹏羽：《中国数字化转型：发展历程、运行机制与展望》，《中国科技论坛》2022年第1期。

陈晓红等：《数字经济理论体系与研究展望》，《管理世界》2022年第2期。

陈秀琼、黄福才：《中国旅游业发展质量的定量评价研究》，《旅游学刊》2006年第9期。

陈雨露：《数字经济与实体经济融合发展的理论探索》，《经济研究》2023年第9期。

崔丹、李沅曦、吴殿廷：《京津冀地区旅游经济增长的时空演化及影响因素》，《地理学报》2022年第6期。

戴斌：《数字时代文旅融合新格局的塑造与建构》，《人民论坛》2020年第Z1期。

邓涛涛、刘璧如、马木兰：《旅游产业依赖与全要素生产率增长——基于"资源诅咒"假说的检验》，《旅游科学》2019年第1期。

丁浩：《长江经济带文化产业与旅游产业发展水平及协调性研究》，《商业经济研究》2023年第21期。

丁志帆：《数字经济驱动经济高质量发展的机制研究：一个理论分析框架》，《现代经济探讨》2020年第1期。

樊玲玲等：《空间视角下城市旅游全要素生产率的收敛性分析》，《地理与地理信息科学》2022年第2期。

范建华、秦会朵：《"十四五"我国文化产业高质量发展的战略定位与路径选择》，《云南师范大学学报》（哲学社会科学版）2021年第5期。

范周、孙巍：《国家文化数字化战略的发展脉络与路径探索》，《华中师范大学学报》（人文社会科学版）2023年第1期。

傅才武、张伟锋：《公共图书馆行业全要素生产率研究——基于省域面板数据的DEA-Malmquist模型分析》，《华中师范大学学报》（人文社会科学版）2018年第3期。

郭二艳、马晓华：《数字经济、管理效率与区域旅游业高质量发展》，《财会通讯》2023年第23期。

郭新茹：《数字技术推进文化和旅游深度融合的逻辑机理与创新路径》，《南京社会科学》2023年第11期。

何红、拓守恒：《数字经济驱动旅游产业高质量发展的作用机理与耦合协调关系——基于西北五省的实证》，《统计与决策》2023年第20期。

何建民：《新时代我国旅游业高质量发展系统与战略研究》，《旅游学刊》2018年第10期。

贺达、任文龙：《产业政策对中国文化产业高质量发展的影响研究》，《江苏社会科学》2019年第1期。

洪向华、杨润聪：《以科技创新助力基层治理现代化》，《国家治理》2020年12月第2期。

胡静、贾垚焱、谢鸿璟：《旅游业高质量发展的核心要义与推进方向》，《华中师范大学学报》（自然科学版）2022年第1期。

惠宁、张林玉：《数字经济驱动与文化产业高质量发展》，《北京工业大学学报》（社会科学版）2024 年第 2 期。

冀雁龙、李金叶：《数字技术与中国旅游全要素生产率——基于非线性与异质性的考量》，《技术经济与管理研究》2022 年第 11 期。

冀雁龙、李金叶、赵华：《数字化基础设施建设与旅游经济增长——基于中介效应与调节效应的机制检验》，《经济问题》2022 年第 7 期。

冀雁龙、夏青：《数字技术驱动下旅游发展对经济增长的影响》，《旅游研究》2023 年第 3 期。

江小涓：《数字时代的技术与文化》，《中国社会科学》2021 年第 8 期。

解学芳、臧志彭：《人工智能在文化创意产业的科技创新能力》，《社会科学研究》2019 年第 1 期。

荆文君、孙宝文：《数字经济促进经济高质量发展：一个理论分析框架》，《经济学家》2019 年第 2 期。

李长江：《关于数字经济内涵的初步探讨》，《电子政务》2017 年第 9 期。

李春发、李冬冬、周驰：《数字经济驱动制造业转型升级的作用机理——基于产业链视角的分析》，《商业研究》2020 年第 2 期。

李广乾：《如何理解数据是新型生产要素》，《中国外资》2022 年第 24 期。

李培峰：《新时代文化产业高质量发展：内涵、动力、效用和路径研究》，《重庆社会科学》2019 年第 12 期。

厉新建：《京津冀旅游业协同发展的理论框架与优化方向》，《北京社会科学》2023 年第 7 期。

厉新建、宋昌耀、陆文励：《全域旅游重塑地方品质》，《旅游学刊》2020 年第 2 期。

刘大均、谢双玉、逯付荣：《中国旅游业发展质量空间差异综合分析》，《资源开发与市场》2012年第8期。

刘英基、韩元军：《要素结构变动、制度环境与旅游经济高质量发展》，《旅游学刊》2020年第3期。

刘英基等：《数字经济赋能文旅融合高质量发展——机理、渠道与经验证据》，《旅游学刊》2023年第5期。

刘震、杨勇、眭霞芸：《互联网发展、市场活力激发与旅游经济增长——基于空间溢出视角的分析》，《旅游科学》2022年第2期。

陆建栖、任文龙：《数字经济推动文化产业高质量发展的机制与路径——基于省级面板数据的实证检验》，《南京社会科学》2022年第5期。

罗茜、王军、朱杰：《数字经济发展对实体经济的影响研究》，《当代经济管理》2022年第7期。

罗晓黎、芦静、闵剑：《基于复杂网络的企业风险传染动态监测研究——以旅游业为例》，《财会通讯》2022年第4期。

宁楠、惠宁：《数字经济与文化产业高质量发展——基于新发展理念视角的分析》，《统计与决策》2023年第18期。

裴长洪、倪江飞、李越：《数字经济的政治经济学分析》，《财贸经济》2018年第9期。

戚聿东、褚席：《数字经济发展促进产业结构升级机理的实证研究》，《学习与探索》2022年第4期。

戚聿东、肖旭、蔡呈伟：《产业组织的数字化重构》，《北京师范大学学报》（社会科学版）2020年第2期。

乔向杰、唐晓云、方忠权：《旅游产业数智赋能：战略、治理与伦理》，《旅游学刊》2023年第10期。

任保平、何厚聪：《数字经济赋能高质量发展：理论逻辑、路径选择与政策取向》，《财经科学》2022年第4期。

史真真：《新基建视域下数字经济赋能高质量发展的路径探究》，

《经营与管理》2020年第12期。

宋昌耀、顾嘉倩、张安妮：《政府引导型文化和旅游投资基金运作模式与发展策略》，《价格理论与实践》2023年第2期。

宋瑞：《数字经济下的旅游治理：挑战与重点》，《旅游学刊》2022年第4期。

宋瑞：《我国旅游业全要素生产率研究——基于分行业数据的实证分析》，《中国社会科学院研究生院学报》2017年第6期。

苏建军、李丹：《中国旅游产业投资及驱动力的时空特征研究》，《地理与地理信息科学》2023年第4期。

苏建军、宋咏梅、王会战：《中国旅游投资增长周期波动性及其溢出效应》，《技术经济》2017年第10期。

孙红旭、周圆：《文化产业发展对经济增长全要素生产率的影响研究》，《文化产业研究》2020年第1期。

田纪鹏：《国内外旅游服务贸易逆差研究前沿与展望》，《旅游学刊》2019年第1期。

妥艳媜、秦蓓蓓：《人工智能技术赋能旅游者幸福感的现实困境与实现路径》，《旅游学刊》2023年第6期。

王克岭、段玲：《文化旅游产业政策量化评价——2009—2021年政策样本的实证》，《华侨大学学报》（哲学社会科学版）2023年第5期。

王瑞婷、宋瑞、胥英伟：《新冠疫情背景下旅游需求新趋势——基于国内外文献综述的发现》，《资源开发与市场》2023年第3期。

王笑宇：《经济新发展格局下中国文化旅游投资变化及趋势》，《旅游学刊》2021年第1期。

魏和清、周庆岸、李颖：《文化产业高质量发展水平测度与障碍因素分析》，《统计与决策》2022年第13期。

魏鹏举：《中国文化产业高质量发展的战略使命与产业内涵》，《深圳大学学报》（人文社会科学版）2020年第5期。

温忠麟等:《中介效应检验程序及其应用》,《心理学报》2004年第5期。

肖京、赖家材主编:《数字化赋能高质量发展》,人民出版社2023年版。

徐艳晴、郭娜:《我国旅游管理机构的演变与前瞻》,《海南大学学报》(人文社会科学版)2023年第6期。

杨博、王连:《数字化赋能公共文化服务体系高质量发展:逻辑、困境与路径》,《图书与情报》2023年第5期。

杨慧玲、张力:《数字经济变革及其矛盾运动》,《当代经济研究》2020年第1期。

杨守德、张天义:《数字经济时空分异与都市圈一体化发展研究——基于流通效率和产业结构升级的链式多重中介效应分析》,《云南财经大学学报》2023年第4期。

杨勇、邬雪:《从数字经济到数字鸿沟:旅游业发展的新逻辑与新问题》,《旅游学刊》2022年第4期。

袁惠爱、赵丽红、岳宏志:《数字经济影响旅游业高质量发展:理论机制与经验证据》,《云南财经大学学报》2023年第5期。

袁渊、于凡:《文化产业高质量发展水平测度与评价》,《统计与决策》2020年第21期。

张皓南、廖萍萍:《共享经济研究动态与述评》,《福建商学院学报》2019年第1期。

张磊:《建筑,浓缩的城市史——"建筑可阅读"视角下的上海历史建筑活化更新》,《上海艺术评论》2022年第3期。

张振家:《新形势下我国旅游服务贸易出口竞争力研究》,《社会科学家》2023年第1期。

张铮:《文化产业数字化战略的内涵与关键》,《人民论坛》2021年第9期。

张祝平:《新时代我国文化产业高质量发展的内在要求与路径选

择》,《行政管理改革》2023年第1期。

赵涛、张智、梁上坤:《数字经济、创业活跃度与高质量发展——来自中国城市的经验证据》,《管理世界》2020年第10期。

周湘鄂:《文化旅游产业的数字化建设》,《社会科学家》2022年第2期。

周宇、林翔、田雪枫:《转型与赋能:"十四五"时期文化产业高质量发展路径研究——以湖北省为例》,《学习与实践》2021年第8期。

宗祖盼:《深刻理解文化产业高质量发展的内涵与要求》,《学习与探索》2020年第10期。

C. Watanabe et al., "Measuring GDP in the Digital Economy: Increasing Dependence on Uncaptured GDP", *Technological Forecasting and Social Change*, No. 137, 2018.

R. Croes et al., "Tourism Specialization, Economic Growth, Human Development and Transition Economies: The Case of Poland", *Tourism Management*, No. 82, 2021.

附 录

附录一 文化和旅游数字化相关政策文件

发布时间	发文机构	文件名称	相关内容
2019年3月	文化和旅游部	《关于促进旅游演艺发展的指导意见》	支持数字艺术、交互体验、观演互动、智能演艺、舞台灯光音响等领域的研发创新和装备提升
2019年4月	文化和旅游部	《公共数字文化工程融合创新发展实施方案》	推动工程转型升级、深度融合，创新公共数字文化服务业态，提升服务效能

续表

发布时间	发文机构	文件名称	相关内容
2019年8月	国务院办公厅	《关于进一步激发文化和旅游消费潜力的意见》	丰富网络音乐、网络动漫、网络表演、数字艺术展示等数字内容及可穿戴设备、智能家居等产品，提升文化、旅游产品开发和服务设计的数字化水平
2019年8月	科技部、中央宣传部、中央网信办、财政部、文化和旅游部、国家广电总局	《关于促进文化和科技深度融合的指导意见》	推动文化数字化成果走向网络化、智能化。创新公共文化服务供给模式，重点研发智慧型呈现技术，开发数字化文化产品
2020年7月	工业和信息化部、国家发展改革委、科技部、财政部、人力资源和社会保障部、生态环境部、农业农村部、商务部、文化和旅游部、中国人民银行、海关总署、国家税务总局、国家市场监管总局、国家统计局、中国银保监会、中国证监会、国家知识产权局	《关于健全支持中小企业发展制度的若干意见》	提升中小企业数字化、网络化、智能化、绿色化水平。支持产业园区、产业集群提高基础设施支撑能力
2020年11月	文化和旅游部	《关于推动数字文化产业高质量发展的意见》	夯实数字文化产业发展基础，培育数字文化产业新型业态，构建数字文化产业生态

续表

发布时间	发文机构	文件名称	相关内容
2020年11月	文化和旅游部、国家发展改革委、教育部、工业和信息化部、公安部、财政部、交通运输部、农业农村部、商务部、国家市场监督管理总局	《关于深化"互联网+旅游"推动旅游业高质量发展的意见》	推动5G、大数据、云计算、物联网、人工智能、虚拟现实、增强现实、区块链等信息技术革命成果应用普及，深入推进旅游领域数字化、网络化、智能化转型升级，培育发展新业态新模式，推动旅游业发展质量、效率和动力变革
2021年3月	文化和旅游部、国家发展改革委、财政部	《关于推动公共文化服务高质量发展的意见》	健全公共数字文化标准规范体系。加快推进公共文化服务数字化
2021年5月	文化和旅游部	《关于加强旅游服务质量监管提升旅游服务质量的指导意见》	以数字化驱动旅游服务质量监管和提升变革。坚持创新驱动融合发展，推动市场主体创新理念、技术、产品、服务、模式和业态，加快数字化转型
2021年8月	中共中央办公厅、国务院办公厅	《关于进一步加强非物质文化遗产保护工作的意见》	健全非物质文化遗产保护传承体系，完善档案制度，加强档案数字化建设
2021年12月	国务院	《"十四五"数字经济发展规划》	提升社会服务数字化普惠水平。加快推动文化教育、医疗健康、会展旅游、体育健身等领域公共服务资源数字化供给和网络化服务，促进优质资源共享复用
2021年12月	文化和旅游部	《"十四五"旅游业发展规划》	加快推进以数字化、网络化、智能化为特征的智慧旅游，深化"互联网+旅游"，扩大新技术新场景应用

续表

发布时间	发文机构	文件名称	相关内容
2022年3月	文化和旅游部、教育部、自然资源部、农业农村部、国家乡村振兴局、国家开发银行	《关于推动文化产业赋能乡村振兴的意见》	数字文化赋能。鼓励数字文化企业发挥平台和技术优势，创作传播展现乡村特色文化、民间技艺、乡土风貌、田园风光、生产生活等方面的数字文化产品，规划开发线下沉浸式体验项目，带动乡村文化传播、展示和消费。充分运用动漫、游戏、数字艺术、知识服务、网络文学、网络表演、网络视频等产业形态，挖掘活化乡村优秀传统文化资源，带动地域文化宣传推广、文创产品开发、农产品品牌形象塑造。推广社交电商、直播卖货等销售模式，促进特色农产品销售
2022年6月	文化和旅游部、教育部、科技部、工业和信息化部、国家民委、财政部、人力资源和社会保障部、商务部、国家知识产权局、国家乡村振兴局	《关于推动传统工艺高质量传承发展的通知》	依托国家文化数字化战略，制定传统工艺数字化保存标准，实施传统工艺数字化保存行动
2022年7月	民政部、国家发展改革委、教育部、公安部、司法部、财政部、人力资源和社会保障部、住房和城乡建设部、交通运输部、农业农村部、文化和旅游部、国家卫生健康委、退役军人部、应急管理部、国家体育总局、国家医保局	《关于健全完善村级综合服务功能的意见》	发展数字农家书屋，完善村文化、体育设施建设

续表

发布时间	发文机构	文件名称	相关内容
2022年7月	文化和旅游部、公安部、自然资源部、生态环境部、国家卫生健康委、应急管理部、国家市场监管总局、中国银保监会、国家文物局、国家乡村振兴局	《关于促进乡村民宿高质量发展的指导意见》	统筹农村供水保障工程、数字乡村建设工程等项目布局
2022年8月	中共中央办公厅、国务院办公厅	《"十四五"文化发展规划》	鼓励引导网络文化创作生产。加强数字版权保护，推动数字版权发展和版权产业态融合，鼓励有条件的机构和单位建设基于区块链技术的版权保护平台。推动公共文化数字化建设，创新实施文化惠民工程。提升公共文化数字化水平
2023年4月	工业和信息化部、文化和旅游部	《关于加强5G+智慧旅游协同创新发展的通知》	加强重点旅游区域5G网络覆盖，鼓励重点单位网络建设资源开放，创新5G+智慧旅游服务新体验，探索5G+智慧旅游营销新模式，提升5G+智慧旅游管理能力，加强5G+智慧旅游产品供给，增强5G+智慧旅游主体创新活力，打造5G+智慧旅游示范标杆，建设5G+智慧旅游样板村镇等
2023年5月	国家文物局、文化和旅游部、国家发展改革委	《关于开展中国文物主题游径建设工作的通知》	鼓励技术创新，运用大数据、云计算、人工智能等技术提供可视化互动展示、沉浸式体验，以内容生动、形式活泼的呈现方式，增强文物主题游径的知识性、故事性、趣味性和启发性，建成人文游径、智慧游径、快乐游径。鼓励传播创新，具有地域特色的文物主题游径视觉识别号系统协调、统一，强化文化赋能，塑造地域文化品牌，打造本土文化标识

续表

发布时间	发文机构	文件名称	相关内容
2023年6月	文化和旅游部	文化行业标准《非物质文化遗产数字化保护 数字资源采集和著录》	包括民间文学、传统音乐、传统舞蹈、传统戏剧、曲艺、传统体育、游艺与杂技、传统美术、传统技艺、传统医药、民俗
2023年9月	工业和信息化部办公厅、教育部办公厅、文化和旅游部办公厅、国务院国资委办公厅、广电总局办公厅	《元宇宙产业创新发展三年行动计划（2023—2025年）》	建设文旅元宇宙，围绕文化场馆、旅游景区和街区节事活动等应用场景，提供数字藏品、数字人讲解、XR导览等产品和服务。打造数字演艺、"云旅游"等新业态，打造数智文旅沉浸式体验空间
2023年9月	科技教育司	旅游行业标准《旅游电子合同管理与服务规范》（LB/T 086—2023）	从旅游电子合同的主要内容、签订系统应用与保查证、安全与保密等方面作出规范
2023年9月	国务院办公厅	《关于释放旅游消费潜力推动旅游业高质量发展的若干措施》	推动利用数字技术改造提升传统旅游消费场所，打造智慧旅游、沉浸式体验新空间
2023年11月	文化和旅游部	《互联网上网服务行业上云行动工作方案》	探索云服务向多元场景应用推广，鼓励上云服务技术向电竞酒店、星级饭店等领域拓展。各地可以结合实际，适时将电竞酒店纳入试点范围，建设电竞创新场所。鼓励和支持行业开展上云推介、云服务场所专项电竞赛事等活动
2023年11月	文化和旅游部	《国内旅游提升计划（2023—2025年）》	推动科技赋能旅游，进一步推进新技术在旅游场景广泛应用，更好发挥国家旅游科技示范园区作用，提升旅游产品和服务的科技含量

附录二 2023年文化和旅游数字化案例评选与名单

评选文件	入选案例名单
《关于公布第一批全国智慧旅游沉浸式体验新空间培育试点名单的通知》	中国共产党历史展览馆("长征"沉浸体验、飞跃影院)智慧旅游沉浸式体验新空间，亮马河国际风情水岸智慧旅游沉浸式体验新空间，teamLab无相艺术智慧旅游沉浸式体验新空间，SoReal焕真·平遥科技艺术馆智慧旅游沉浸式体验新空间，《无界·幻境》智慧旅游沉浸式体验新空间，长白山传奇飞行体验馆智慧旅游沉浸式体验新空间，EX机器人未来科技馆智慧旅游沉浸式体验新空间，上海迪士尼度假区(翱翔·飞越地平线、加勒比海盗——沉落宝藏之战)智慧旅游沉浸式体验新空间，上海天文馆(元宇宙时光机)智慧旅游沉浸式体验新空间，X-META机遇时空元宇宙主题乐园(风起洛阳VR全感剧场)智慧旅游沉浸式体验新空间，中国大运河博物馆(流动的文化)智慧旅游沉浸式体验新空间，苏州湾数字艺术馆智慧旅游沉浸式体验新空间，拈花湾夜间智慧旅游沉浸式体验新空间，宁波方特旅游区(女娲补天、致远致远，飞翔)智慧旅游沉浸式体验新空间，只有河南·戏剧幻城智慧旅游沉浸式体验新空间，南昌VR主题园智慧旅游沉浸式体验新空间，《飞越清明上河图》球幕影院智慧旅游沉浸式体验新空间，《天下大足》智慧旅游沉浸式体验新空间，自贡方特恐龙王国体验新空间，Z-BOX智慧旅游沉浸式体验新空间，《夜上黄鹤楼》智慧旅游沉浸式体验新空间，长安十二时辰智慧旅游沉浸式体验新空间，新疆维吾尔自治区博物馆(千年之语)智慧旅游沉浸式体验新空间
《关于公布首批文化和旅游部技术创新中心建设名单的通知》	智慧光影应用技术文化和旅游部技术创新中心，游客行为监测与决策服务文化和旅游部技术创新中心，大型仿生演艺装备文化和旅游部技术创新中心，书画数字化生成应用服务文化和旅游部技术创新中心，智能舞台系统集成文化和旅游部技术创新中心，沉浸声文化和旅游部技术创新中心，景区交易数据要素化文化和旅游部技术创新中心，虚拟现实共性技术文化和旅游部技术创新中心，数字艺术显示文化和旅游部技术创新中心，主题乐园设施集成与智能管理文化和旅游部技术创新中心，视觉融合场景体验文化和旅游部技术创新中心，音像资源数字化服务文化和旅游部技术创新中心

续表

评选文件	入选案例名单
《关于印发2023年国家文化和旅游科技创新研发项目出库名单、文化和旅游部重点实验室资助项目立项名单的通知》	9个文化和旅游科技创新研发项目：基于智能动态轨迹跟踪的演出飞行互动系统研发，文化遗产型旅游项目地沉浸式漫游中基于全景影像的数据价值挖掘研究，基于中国国家博物馆《古代中国》基本陈列的中华文明云展平台研究及建设，良渚古城遗址公园沉浸式混合体验技术集成与应用，丝绸纹样数字化标准及数据库建设，高科技旅游戏游艺设备星空间之环的研发和应用，基于用户体验的缩微文献数字演艺文献著色研究，戏曲数字演艺虚拟制作研究，基于游客体验感知的沉浸式文旅项目测评体系研究。9个文化和旅游部重点实验室资助项目：城市旅游场景多模态数据分析与研究，民歌数字权益保护研究，云锦数字资源保护研究，沉浸式交互演艺系统设计——以"剑书"为例，数字文化资产拓展研究与智能设计研究，基于扩展现实技术的大尺度城市光影艺术集的评价，清代黄色系纸绢类艺术品及辅助材料和染色复制研究，临安天目窑护胎釉数据采集与制备工艺的有效性和安全性评价，古籍纸张染用生物除霉剂的有效性和安全性评价
《关于公布2023年文化和旅游数字化创新示范案例的通知》	文化和旅游数字化创新示范十佳案例：沉浸式戏曲《黛玉葬花》创新越剧表现形态，国家图书馆数字化赋能古籍活化，"浙里文化圈"助力公共文化服务智达惠享，丝绸纹样数据采集与应用推动文化机构数字化转型升级，百度文心大模型创新文化产品生产方式，抖音首演促进文艺表演体数字化转型升级，《风起洛阳》虚拟现实全感剧场搭建数字文化体验应用《红楼·幻境》，数字展厅建设沉浸式数字文化治付，"黄山先游后付·信用游"强化智慧数字光影活动应用"文管在线"模式，推进实现文化数字化"玛纳斯"说唱全息展演，中国国家话剧院线下演出线上演播"双演融合"模式，柯尔克孜民族英雄史诗《玛纳斯》说唱全息展演，中国国家话剧院线下演出优秀案例：沉浸式数字光影活动"寻迹洛神赋"《十二生肖·卯兔呈祥》，"世界文学之都"数字空间，福州群文一码通，河南非遗一张图，"世界的记忆——中国传统音乐录音档案"数字平台和"传统音乐档案"应用程序，基于图文视觉识别技术的自助借还书系统，基于全流程自动化管理的智能学习系统，智能机器人在图书馆中的应用，基于图网系统，江苏公共文化云运营推广，武警部队万里边疆文化进军营建设项目，无感智慧借阅系统，《龙凤呈祥》线上演播，法海寺壁画艺术体验新空间，中央民族乐团探索舞台艺术数字演艺展示，中国戏曲数字人表演体验馆，沉浸式线下体验空间"慢坐书房""舞上春"线上演播，齐白石沉浸式数字光影艺术展，江右文化（5A级旅游景区）数字体验馆，宜昌博物馆（4A级旅游景区）"玉门之光"，滕王阁（5A级旅游景区）数字光影智能数字人体验，永定土楼（5A级旅游景区）"天涯明月刀"沉浸式数字化体验项目，玉门市"玉门同道"工业元宇宙，主题公园人工智能数字管理平台，游云南人工智能助手，火星信号资源网运营志愿服务平台，"数字赋能"四川文旅志愿服务平台

续表

评选文件	入选案例名单
《关于发布第一批全国智慧旅游"上云用数赋智"十佳和优秀解决方案名单的公告》	十佳解决方案：基于"有温度、多触点、高辨识度"理念的数字人文旅行业解决方案，沉浸式数字交互艺术综合体解决方案，"一机游"智慧导游可视化平台解决方案，智慧导览数字化平台建设运营解决方案，T-BOSS景区业务中台解决方案，智文旅一体化平台解决方案，旅游目的地数字化承载和实时预约解决方案，以"数智中台""一码知游""文旅融合发展"三分、三合、三全"的景区客流承载式解决方案。26个优秀解决方案："数智能新一代多模态人机交互大数据分析应用解决方案：云智能新一代多模态人机交互大数据分析应用解决方案，基于自研元宇宙平台的智慧文旅行业解决方案，开元"云智能·虚拟数字人定制及文旅文化沉浸式元宇宙运营解决方案，城市文化承载数智化解决方案，历史文化街区数字化升级综合解决方案，"共享数据"智享好导游"全国导览数字化平台建设运营解决方案，虚实融合的沉浸式文旅云解决方案，"数智赋能"文旅云平台解决方案，基于景区/度假区文旅标识综合服务平台解决方案，"瀑布数据"AIoT的智慧景区可视化管理解决方案，文旅数据真人在线实时讲解平台解决方案，区域多源长期大数据行业解决方案，基于产业数字生态"智游宝"智慧营地全生命周期监管平台建设解决方案，融合消费大数据综合服务平台解决方案，"基于LBS大数据"的景区客流承载和实时预约化管理解决方案，景营景区（度假区）理念可信服务平台综合解决方案，"一码游""1+3"智慧旅游综合服务平台建设解决方案，"智营解决方案"，"智慧营景区""全预约解决方案"，智慧营销体系建设解决方案，"一机游"文旅大数据分析解决方案，景区门票三全预约解决方案，AI适老智慧公园解决方案——文旅老化适适应解决方案
《关于公布第一批"5G+智慧旅游"应用试点项目的通知》	"故宫博物院"小程序智慧开放试点项目，5G+文旅数字驿站试点项目，中国国家话剧院5G智慧剧场线上演播试点项目，首钢园区一高炉SoReal元宇宙元乐园5G XR智慧旅游试点项目，北京中轴线世界文化遗产5G监测与保护平台试点项目，天津国际青少年交流中心5G+智慧旅游试点项目，白洋淀智慧景区5G+北斗智慧旅游试点项目，伊利草原孔文化建设5G+智慧旅游试点项目，上海国际旅游度假区5G+VR/AR智慧旅游试点项目，爱达魔都号5G智慧邮轮试点项目，数字一大建设5G+智慧旅游试点项目，周庄古镇5G+智慧旅游试点项目，拈花湾5G+智慧遗址花果山景区5G+智慧旅游试点项目，黄山景区5G+智慧旅游试点项目，只有河南·戏剧幻城5G+智慧旅游试点项目，厦门鹭江"5G+AR夜景秀"智慧旅游试点项目，良渚遗址5G+智慧旅游试点项目，泰山景区5G+智慧旅游试点项目，广州北京路5G+智慧旅游休闲街区试点项目，江汉路5G+智慧展销中心5G+智慧旅游产品数字营销试点项目，张家界5G+智慧旅游试点项目，成都市锦江区旅游5G+智慧旅游试点项目，龙胜各族自治县云游天下5G+智慧旅游试点项目，剑川古城5G+智慧旅游产品"名特优"5G+智慧旅游试点项目，丽江古城5G+智慧旅游试点项目，云游天下5G+智慧旅游试点项目，村超，村BA文旅体融合5G+智慧旅游试点项目，大唐不夜城5G+智慧旅游试点项目，青海湖5G+智慧旅游试点项目

宋瑞（1972— ），产业经济学博士，人文地理学博士后，中国社会科学院旅游研究中心主任，中国社会科学院财经战略研究院研究员、博士生导师，文化和旅游部"十四五"规划专家委员会委员，国家社科基金重大项目首席专家，文化和旅游部研究基地首席专家，在《中国软科学》《财贸经济》《经济管理》《旅游学刊》等刊物发表学术论文100余篇，其中20余篇被中国人民大学复印报刊资料转载，出版专著8本、译著7本。

杨晓琰（1988— ），经济学博士，中国社会科学院财经战略研究院博士后，中国社会科学院研究生院产业经济学博士，研究方向为产业经济、旅游经济增长。在国内外学术刊物上发表论文多篇，参与多项国家或省部级课题。

张琴悦（1996— ），中国社会科学院大学商学院旅游管理专业博士，在《地理科学进展》《旅游论坛》《地域研究与开发》《杭州师范大学学报》等CSSCI期刊和北大中文核心期刊发表多篇学术论文，出版合著一本。主持文化和旅游部研究生重点研究扶持项目、云南大学研究生科研创新基金资助项目，参与国家社科基金重大项目等多项课题和撰写多本著作。